Introdução à Teoria Antropológica

ANTONIO AUGUSTO BONATTO BARCELLOS

Prefácio de Ángel B. Espina Barrio

Apresentação de Daniel Valério Martins

ISBN: 978-84-941179-5-4

Revisão: Carolina Bonatto Alves

Foto da Capa: Paulo David Torres Barcellos

Parte da pesquisa que resulta neste livro foi realizada durante o período de
estudos de doutorado do autor com bolsa de estudos financiada pelo *Banco
Santander Central Hispano* em convênio com a *Universidad de Salamanca*.

BONATTO BARCELLOS, Antonio Augusto. *Introdução à teoria
antropológica*. Salamanca: IIACyL, 2018.

Dedico este livro aos apaixonados pela antropologia, pelas relações humanas e também àqueles que buscam explicações para a mais simples das tradições.

La verdadera ciencia enseña, por encima de todo, a dudar y a ser ignorante.

Unamuno

Meus sinceros agradecimentos aos familiares, amigos e companheiros de trabalho que possibilitaram e incentivaram os estudos que proporcionaram escrever este livro.

ÍNDICE

PREFÁCIO[1]

La aparición de un nuevo texto de Antropología teórica y de Historia de Antropología socio-cultural es siempre una muy buena noticia pues no son muchos los que ven la luz pública pese a la importancia de la temática y el gran interés que debería suscitar en los especialistas y también en la enseñanza de estas disciplinas en todos los niveles. Pues es claro que sin un conocimiento reposado y profundo de las diversas teorías que autores y escuelas han formulado en los 150 años de existencia de la Antropología cultural empírica, más que sobre el hombre, sobre el hecho de la cultura, no sería posible comprender cabalmente ese objeto de estudio de la antropología, ni plantear investigaciones etnográficas sobre el mismo con rigor, ni acometer la comprensión y desarrollo de aplicaciones socioculturales en la actualidad con verdadera competencia.

Pues no sirve sólo acudir a las últimas teorizaciones de manera somera para adquirir rigor en la disciplina. A los últimos movimientos de moda, a la "cresta de la ola", en este caso, la vanguardia de la posmodernidad o de la sobremodernidad, la que sin duda debe conocerse y considerarse, pero que no es suficiente para estar preparado para afrontar los retos del trabajo de la Antropología en el mundo actual. De hecho casi todos los antropólogos importantes, incluidos los de la actualidad, han ido encarnando en su evolución teorética personal, todas, o gran parte, de las posiciones de sus antecesores; y de todos han

---

[1] Optou-se por manter o prefácio no original em espanhol.

9

aprendido, tanto de sus errores, como de sus aciertos, incluso más de los errores. Y no hay atajos en este estudio. Es imposible que alguien en una etapa actual que se llama genéricamente postestructuralista pueda entender plenamente lo que supone o significa, si no sabe con profundidad lo que fue el estructuralismo. ¿Cómo puede superarse y corregirse lo que ni si quiera se ha conocido? Es verdad que muchos se contentan con leer los autores actuales y ya suponen que ellos habrán hecho, o encarnan, tal tarea, pero esa es una dejación de responsabilidades intelectuales que no deja de tener su coste. ¿Cómo puede asumirse una postura simbólica, hermenéutica o interpretativa, sin antes no entender las posturas que la generaron: psicoanálisis, estructuralismo, cognitivismo, etc.? O ¿Cómo puede aplicarse una visión ecologista, en los trabajos sin conocer las teorías evolucionistas, neovolucionistas, neomarxistas o multilineales previas?

Y como decíamos, conocer los errores de pasado y superarlos es lo que nos ofrece una sólida posición. ¿Cómo, sin conocer las posturas unilineales y poco empíricas del primer evolucionismo, podríamos estar en guardia contra el etnocentrismo o contra visiones simplistas y universalistas del pasado humano? ¿Cómo limitaríamos nuestra imaginación o nos sustraeríamos de formular esquemas generales de la evolución, tan hermosos como imaginados? O, sin saber de los hiperdifusionistas ¿cómo comprenderíamos la importancia de mantener el principio del paralelismo cultural que nos advierte sobre fáciles y universales suposiciones o explicaciones sobre los parecidos culturales? Sin criticar el modelo "superorgánico" de Kroeber caeríamos en la ontologización de la cultura; sin superar la inducción de Boas nos perderíamos en el estudio de innumerables casos particulares sin llegar muy lejos. Sin superar el rígido funcionalismo pensaríamos que en las culturas todo se puede entender relacionándolo con su uso o función, o todavía peor, que "todo" funciona, cuando en modo alguno es así. Si nos quedáramos sólo observando lo socio-estructural, a la manera lévistraussiana, perderíamos el universo de significados que está en el entramado espontáneo de la cultura. La historia de los errores es tan importante como la historia de los logros, si de lo que se trata es de comprender, avanzar y de innovar.

Por ello, todo antropólogo que se precie debe conocer las teorías y las posiciones de los autores y de las escuelas que le han precedido, aprender de ellas, criticarlas y superarlas con su reflexión y experiencia. Sin eso en el momento de hacer los trabajos de campo (donde siempre debe haber un momento interpretativo no solo descriptivo) o de plantear estudios de antropología aplicada, nos encontraríamos sin herramientas, sin bagajes y sin ideas. En una entrevista que me realizaron hace pocas fechas para una revista brasileña afirmaba: La Antropología en la actualidad debe ser aplicada o de lo contrario no tendría razón de ser. Es decir, aparte de constituirse en un saber humanístico, erudito, debe de abordar los problemas que tienen los seres humanos en nuestros días. Especialmente aquellos relacionados con los factores culturales, y que cada vez son más numerosos: integración de emigrantes; respeto a las diversidades étnicas o religiosas; aspectos relacionados con la cooperación internacional; con la exclusión social, el origen o la solución a los conflictos; la igualdad de género; la educación y la interculturalidad y un largo etcétera. Con todo, es necesario realizar siempre una antropología teórica de calidad previamente. De hecho habría que hablar de Antropología aplicable, más que de Antropología aplicada. En realidad todo trabajo antropológico bien hecho es un trabajo "aplicable". No hay que estar obsesionado desde el principio por hacer aplicación a todo trance. Esto puede sesgar las investigaciones. Lo que debería siempre hacerse es una investigación de calidad que después con toda seguridad será aplicable a la mejora de muchos aspectos socio-culturales de nuestras sociedades. Esto además sortea los peligros de una antropología demasiado dirigida, incluso por poderes político-económicos-estratégicos, que tan mala fama con razón ha tenido en diversas partes de América latina. Como actual presidente de la Sociedad Española de Antropología Aplicada puedo decirles que ésta pienso es la mejor manera de plantear el tema de la aplicación de la Antropología. Que los investigadores realicen libremente sus pesquisas etnológicas y que junto con el pueblo planteen los cambios o mejoras que consideren necesarias. Y así mismo, como director del Master Universitario de Antropología de Iberoamérica de la Universidad de Salamanca, siempre he insistido a los posgraduados y a los hoy doctores, que el perfeccionamiento del aparato metodológico y la incesante reflexión sobre la historia y la teoría antropológica son labores en las que se juega la calidad de sus investigaciones y la posibilidad de su buena aplicación.

Es por ello que el presente texto no sólo me parece etnológicamente adecuado y oportuno, si no también absolutamente imprescindible para nuestros colegas y estudiantes de la especialidad.

Salamanca, 1 de marzo de 2018.

Ángel-Baldomero Espina Barrio

APRESENTAÇÃO

A Antropologia, a cada dia que passa inova seus métodos e metodologias de pesquisas, por seu caráter cultural e, portanto, vivo, não obstante, são poucos os antropólogos e pesquisadores preocupados com a divulgação e propagação de novas teorias sobre a temática. Assim, surge a obra *Introdução à teoria antropológica* de Antônio Augusto Bonatto Barcellos, com a preocupação de reunir não somente aspectos clássicos da antropologia, mas também, novas teorias que vêm ganhando força nas Ciências Sociais. A obra *Introdução à teoria antropológica*, nos remete ao encontro de uma sequência lógica de momentos específicos da história e teoria da antropologia, servindo de guia para estudantes e pesquisadores que adentram nessa área do conhecimento.

O contato do autor com várias instituições relacionadas a Antropologia, permitiu com que o mesmo pudesse observar a necessidade de um complemento aos manuais trabalhados até então. Dentre tais instituições, podemos mencionar o Mestrado em Antropologia de Ibero-América da Universidade de Salamanca, servindo de base para seus estudos antropológicos, culminando no seu doutorado em Ciências Sociais, na linha de Antropologia e sua participação como professor colaborador do programa.

Outras instituições merecem destaque como: o Instituto Universitário de Iberoamérica, o Centro de Estudos Brasileiros, a Revista Euroamericana de Antropologia - REA, idealizada pelo *Instituto de Investigaciones Antropológicas de Castilla y León – IIACYL*, fazendo atualmente parte das *Ediciones de la Universidad de*

Salamanca e a *Asociación de la Comunidad Brasileña de Salamanca- ABS*, que possui entre suas missões a de busca por integração e interação efetivas entre as duas culturas em contato (brasileira e espanhola).

A experiência adquirida pelo autor (como aluno e professor), fez com que o mesmo pudesse objetivar uma contribuição ou legado capaz de aproximar àqueles que, por primeira vez, terão contato com a disciplina, ordenando em uma pequena obra as Escolas Antropológicas em sua sequência lógica e cronológica, facilitando o entendimento e aproximação do leitor aos autores da antropologia.

Portanto, creio que a obra, consegue alcançar os objetivos propostos, capaz de tornar-se um referencial teórico no momento da busca por um material claro, objetivo e consistente, e assim, recomendo o deleite da leitura.

Salamanca, 2 de março de 2018.

Daniel Valério Martins

INTRODUÇÃO

Pode parecer redundância que uma obra de introdução conte também com uma introdução. No entanto, este é o espaço adequado para apresentar ao leitor alguns pontos chave que ajudarão na leitura e compreensão da obra. Nunca é demais dizer, quase sempre, sobretudo nos clássicos, na introdução ou no primeiro capítulo, os autores situam sua visão de mundo e sobre o assunto. O primeiro capítulo de Leslie White em a "A ciência da cultura" é um exemplo deste tipo de introdução.

Sempre que tentamos sistematizar e organizar informações corre-se o risco do cometimento de equívocos ou de opções não bem recebidas pela maioria. A tarefa de organizar o conhecimento importa em fazer escolhas de autores, de obras, de partes de obras, privilegiando alguns e excluindo outros. Isso não quer dizer que nossa organização seja melhor ou pior que a de outros autores, é apenas uma das muitas possíveis. Portanto, aqueles que iniciam no estudo da antropologia não devem tomar o conteúdo destas páginas como verdade absoluta e sim como um ponto de partida para o entendimento da disciplina e para a formação do próprio senso crítico capaz de, futuramente, corrigir ou melhorar o trabalho aqui desenvolvido.

Como estudante de antropologia, ao encarar a vasta extensão de autores e de correntes teóricas, perdi-me, durante alguns anos, tentando encontrar uma sequência lógica, um fio condutor entre os vários autores, muitos deles de relevo mundial, que podemos considerar antropólogos. Optei por realizar uma leitura de alguns dos principais autores apoiado na experiência do orientador de meu trabalho final de mestrado, Professor Ángel B. Espina Barrio, da *Universidad de Salamanca*. Após a leitura e fichamento de muitos autores, decidi realizar este pequeno trabalho de introdução à teoria antropológica para servir de guia para aqueles que iniciam nos estudos de antropologia. O presente livro não tem a menor pretensão de esgotar os assuntos tratados mas sim apresentá-los ao leitor para que possa conhecer e ordenar mentalmente suas ideias sobre este campo do saber.

Muitos professores concordam que o cânone antropológico serve para facilitar a imagem mental dos alunos, sobretudo os principiantes, sobre a antropologia. A ordem cronológica, ou ao menos uma sequência lógica de fatos, de obras e de autores também facilita, em nosso entender, essa visão inicial da disciplina. É como se construíssemos primeiro uma estrada que une dois pontos e, em momento posterior, começássemos a inserir desvios, saídas, tangenciais, com as muitas complexidades oferecidas pela antropologia. Sem o caminho inicial, é mais difícil que outros se abram.

As escolas antropológicas estão organizadas da maneira que pareceu-me mais lógica e de fácil entendimento. Em aula, costumo apresentar uma linha do tempo, utilizando alguns autores e obras fundamentais para tentar fornecer uma cronologia das principais escolas e seus autores. Obviamente, tratando-se de ciências sociais as escolas não são sequenciais e a classificação de um autor como pertencente a uma ou outra escola também pode suscitar muitas controvérsias. As escolas antropológicas muitas vezes se sobrepõem ou mesmo se desenvolvem de maneira concomitante durante muitos anos. A compartimentação aqui realizada é, por óbvio, um recurso didático que, como já dito, utiliza uma sequência definida pelo autor destas linhas.

Por fim, muitos autores e professores de respeito no campo do direito, da sociologia e da antropologia são contrários à elaboração de manuais ou de guias para o estudo de algumas disciplinas. Os defensores deste ponto de vista destacam que as disciplinas são por demais complexas e multifacetadas para tal tarefa e a elaboração de um manual teria o condão de reduzir e simplificar um assunto mais rico e mais amplo. Quiçá tenham estes algo de razão quando falamos de especialistas nos assuntos a serem tratados. No entanto, uma obra destinada àqueles que por primeira vez têm contato com uma disciplina não podem trazer as mesmas discussões teóricas e epistêmicas destinadas aos versados nas questões estudadas. Tratando-se apenas de uma primeira aproximação à teoria antropológica, tem-se a pretensão de apresentar o assunto, delinear os contornos da antropologia e despertar o interesse dos leitores para que sigam em seus estudos antropológicos.

1 O QUE É A ANTROPOLOGIA?

Esta primeira pergunta é fundamental e soe ser a dúvida de todos aqueles que por primeira vez escutam falar da disciplina. Mesmo os já interessados no assunto, a partir de um texto ou de uma palestra, não costumam ter uma ideia clara sobre o que é a antropologia. De início, é importante dizer, a antropologia tem uma primeira divisão importantíssima para seu estudo: a divisão entre antropologia física/biológica e antropologia social/cultural. A antropologia física/biológica estuda principalmente a evolução do corpo humano e, como o próprio nome diz, questões relacionadas com a biologia, com a adaptação ao ambiente etc. Aqui, trataremos principalmente da antropologia cultural ainda que façamos uma pequena revisão de aspectos estudados pela antropologia física/biológica.

A antropologia é um ramo das ciências sociais e, também pode-se dizer, do grande grupo das ciências humanas e nos departamentos das universidades ao redor do mundo ora está associada às ciências humanas, ora ao subgrupo das ciências sociais e jurídicas. Pelas suas características, a antropologia poderia ser tranquilamente defendida como parte das ciências humanas ou das ciências sociais, no entanto, esta discussão é inócua e, na prática, parece não influenciar no avanço do conhecimento. Também é uma ciência complexa que não combina muito bem com definições estritas. No entanto, entendemos que para quem está começando o estudo é importante ter um norte a seguir e algumas definições sobre as quais começar a refletir. Em um momento posterior, os estudantes e estudiosos já serão capazes de formular os próprios conceitos e concordar, discordar e criticar os aqui elencados.

A antropologia, se descompusermos a palavra, poderia ser simplificada como a "ciência do homem" (anthropos = homem e logos = argumentação, reflexão). No entanto, assim fosse, o homem, como objeto da ciência, esta facilmente perder-se-ia na amplitude de tão vasta tarefa. Mas então qual o objeto de estudo da antropologia? Em nossa opinião, o objeto de estudo da antropologia é aquilo que nos faz homens[2]: a cultura. A cultura é o elemento principal que nos diferencia das demais espécies de seres vivos que habitam o planeta, a cultura e a capacidade de criar símbolos, reconhecê-los e comunicarmos através de um sem número de combinações simbólicas.

Na esteira do que afirma Clifford Geertz[3] a espécie humana não possui informação genética suficiente que permita a sobrevivência sem um sistema cultural que determine como devemos atuar. A imensa adaptabilidade do ser humano, que

---

[2] Aqui, como em diversas outras passagens, quando dizemos "homens", referimo-nos à espécie humana.

[3] GEERTZ, Clifford. **A Interpretação das Culturas**. Rio de Janeiro: LTC, 2012.

logrou habitar e prosperar nos mais distintos ambientes do planeta terra deve-se, também, a esta ausência de uma carga genética que imponha determinadas ações deixando caminho aberto para a adaptação às determinações culturais do contexto onde inserto cada indivíduo. O autor ainda explica e exemplifica as afirmações ao constatar que nós humanos, a despeito dessa imensa possibilidade de vidas possíveis que poderíamos viver (a adaptabilidade é quase infinita), acabamos vivendo a vida determinada pelo nosso contexto cultural composto pelo núcleo familiar, a classe social, a região e ao país ao qual pertencemos etc. Outro exemplo amplamente determinado pela cultura são as relações afetivas, nossas "almas-gêmeas" ou "caras-metade", mesmo com mais de 7 bilhões de pessoas no mundo, são pessoas que normalmente vivem no mesmo bairro, estudam na mesma instituição, falam a mesma língua, são de uma classe social parecida, entre outras características também determinadas pelo entorno cultural.

Esse entorno cultural foi a solução encontrada pela humanidade para suprir a nossa deficiente carga genética que não determina suficientemente nossas ações. Necessitamos de algum sistema que nos ensine e determine o que devemos fazer. Esse papel cabe à cultura através de suas mais distintas manifestações. A cultura recebeu muitos conceitos de vários autores e está longe de ser um consenso. Poderíamos resumir e condensar diversos destes conceitos apontando a cultura como: o conjunto de pautas de hábitos, costumes e conhecimentos aprendidos pelo indivíduo como membro de determinada sociedade. Em outras palavras, parafraseando Ralph Linton[4], a cultura é a herança da humanidade, que é transmitida de geração em geração.

---

[4] LINTON, Ralph. **Estudio del Hombre**. México, D.F.: Fondo de Cultura Económica, 1972.

A cultura, por outro lado, é uma característica única e comum à espécie humana mas se manifesta de maneira distinta ao redor do globo. Tais condições tornam ainda mais complexo e paradoxal o estudo da cultura. Devemos reconhecê-la como única mas tratá-la como singular em cada manifestação.

Integram a cultura a maior parte das manifestações humanas e muitas delas servem para oferecer um caminho e pautas de atuação aos seres humanos. O direito, a religião, a moda, a moral são todos formas de determinar o agir social dos indivíduos, cada um à sua maneira. O direito regula as ações a partir da ameaça de sanções econômicas ou físicas (privação da liberdade ou mesmo a morte em alguns países), as religiões oferecem um caminho a ser seguido e ameaçam com sanções no plano espiritual, caso o indivíduo não cumpra seus preceitos. A moral e a moda por exemplo, determinam o agir sob pena da reprovação social e isolamento daqueles que não seguem seus ditames.

No entanto, mesmo que todas estas manifestações sejam culturais e integrantes da cultura humana, há um acordo tácito que tem restringindo o objeto de atuação da antropologia principalmente àquelas manifestações culturais não escritas, ritualísticas de pequenos grupos de comunidades tradicionais. A antropologia exige também o trabalho a partir de um método próprio, que envolve, necessariamente, o contato com grupos humanos ou, se for o caso, com um ser humano isoladamente. Não é possível fazer antropologia a partir de objetos (esta tarefa cabe à Arqueologia), a partir somente de documentos (esta tarefa é da História), das leis (tarefa do Direito e dos juristas) e assim por diante. O grande diferencial da antropologia é participar ativamente de atividades humanas, descrevê-las e interpretá-las o que se constitui em seu método próprio. A observação participante, quando o antropólogo se insere em algum grupo e participa daquele grupo e de suas atividades é o principal método de recolhimento de dados da antropologia. Claro que existem muitos outros métodos de recolha de dados aceitos e utilizados na antropologia como por exemplo as entrevistas, questionários, histórias de vida, triangulações, estatísticas e grupos focais. Entretanto, o método da observação participante foi consagrado por Malinowski em seu trabalho realizado nas ilhas Trobriand e a "descoberta"[5] do *Kula* e de sua função para as diversas ilhas e grupos humanos do arquipélago. Este assunto será retomado com mais detalhe no capítulo que trata do funcionalismo.

Este trabalho de campo clássico consagrado por Malinowski envolve conviver com o grupo humano objeto de estudo por um tempo considerável[6], aprender sua língua e chegar a compreender minimamente sua forma de pensar. Nesse processo, como definiram muitos autores a exemplo de Geertz[7] e DaMatta[8], é necessário estranhar o familiar e familiarizar o exótico de forma a enxergar as pautas de estudo antropológicas.

A antropologia, como tratamos aqui de um resumo da teoria antropológica, poderia ser sintetizada em três verbos: OBSERVAR, DESCREVER E INTERPRETAR. A observação, como já dissemos, engloba a participação do pesquisador e outros métodos de recolha de informações. A descrição deve ser uma descrição densa, como pontua Geertz[9], capaz de oferecer detalhes

---

[5] O termo descoberta está entre aspas pois o *Kula* e todos os rituais que o cercam já existiam e eram praticados pelos nativos, o descobrimento foi com relação aos antropólogos e para a cultura ocidental.

[6] Segundo Espina Barrio, este tempo razoável seria de 1 (um) ano já que normalmente os ciclos festivos e de trabalho acompanham a passagem das 4 estações e em um ano seria possível vislumbrar ao menos um ciclo completo de festividades, de rituais, de sazonalidades e de trabalhos.

[7] GEERTZ, Clifford. **A Interpretação das Culturas**. Rio de Janeiro, LTC, 2012.

[8] DAMATTA, Roberto. **Relativizando: uma introdução à antropologia social**. Rio de Janeiro: Rocco, 2011.

[9] GEERTZ, 2012.

e embasar as futuras interpretações. Por fim, o antropólogo deve interpretar os dados recolhidos e descritos e tecer suas próprias conclusões sobre o objeto de estudo.

Por tudo o que dissemos, é óbvio que a Antropologia contrasta radicalmente com o método das *Hard Sciences* e, por isso, muitos comparam a Antropologia à arte, à poesia ou a ensaios literários. Uma observação antropológica, por realizar-se sobre um determinado grupo humano, em determinado período e em determinada área geográfica, jamais poderá ser repetida para que outro pesquisador comprove a veracidade das informações. Em outras palavras, é impossível submeter a investigação antropológica a uma prova inconteste de validade. Claro, existem muitos autores que realizaram investigações similares sobre as mesmas pautas culturais ou sobre os mesmos grupos humanos e chegaram a conclusões distintas dos seus antecessores ou adotaram outra corrente teórica.

Além disso, a investigação antropológica sempre estará sujeita à subjetividade do investigador. Mesmo aqueles mais experientes e mais treinados pesquisadores por vezes são levados pela sua condição pessoal e suas convicções ao observar, descrever ou interpretar situações da pesquisa antropológica.

A antropologia, por sua própria natureza, sempre foi um campo fértil para a comparação entre diferentes culturas. Aliás, a corrente evolucionista do século XIX utilizou fundamentalmente o método comparativo para estabelecer estágios evolutivos para as diferentes culturas. Na corrente evolucionista do século XIX, é claro, estava presente uma visão etnocêntrica e eurocêntrica que colocava a sociedade inglesa da época como o ápice evolutivo e as demais como sociedades primitivas em algum estágio anterior ao da civilização mais avançada. Mesmo assim, a comparação entre pautas culturais de diferentes culturas sempre foi um processo mental básico e fundamental para os estudos antropológicos. Na verdade, o próprio reconhecimento, muitas vezes, da necessidade de estudar-se certo aspecto de alguma cultura parte da constatação de que diferentes grupos humanos possuem, por exemplo, diferentes rituais funerários, diferentes rituais matrimoniais, diferentes ritos de passagem da adolescência para a fase adulta. Essa primeira constatação permite, a partir da comparação das pautas, estabelecer semelhanças, diferenças e vicissitudes próprias de cada cultura.

Em suma, a antropologia é uma ciência do ramo das ciências humanas e sociais que trata da cultura e possui um método de trabalho próprio baseado na interação do pesquisador ou dos pesquisadores com o grupo humano pesquisado. A interação do pesquisador tem como objetivo desvendar pautas simbólicas e/ou culturais daquele determinado grupo visando a contribuir para uma melhor compreensão da cultura pesquisada e de outras, através do método comparativo.

A antropologia também soe dividir-se entre antropologia física e antropologia cultural. Na antropologia física estuda-se a evolução do corpo humano e a adequação ou não deste ao nosso estilo de vida atual e ao ambiente em geral. Também pertencem ao ramo da antropologia física os antropólogos forenses que estudam o corpo de vítimas de delitos ou crimes buscando desvendar sinais que ajudem a elucidar o crime em questão como restou consagrado nos seriados e filmes policiais.

No capítulo seguinte, trataremos de introduzir o corpo humano a partir da visão da antropologia física. Afinal, o corpo humano é o veículo da cultura e através dele nos relacionamos com o ambiente e com os demais humanos.

2 O CORPO HUMANO, VEÍCULO DA CULTURA

A história que costumamos estudar abarca um tempo ínfimo de existência do universo. Do mesmo modo, como veremos, as primeiras modificações culturais ocorreram há muito pouco tempo na história da humanidade. O próprio conceito de humanidade é algo que soe provocar a imagem de nossa espécie *homo sapiens*, e só. No entanto, existiram diferentes espécies de humanos com distintas formas corporais, capacidade cerebral e, inclusive, pautas culturais.

Não nos esqueçamos de que também existiram outras espécies de hominídeos com características entre humanos e símios. O autor Daniel Lieberman[10] fornece uma tabela[11] para que tenhamos um ideia das diferentes espécies de hominídeos e as datas de sua provável aparição:

---

[10] LIEBERMAN, Daniel E. **La historia del cuerpo humano. Evolución, salud y enfermedad.** Barcelona: Pasado&Presente, 2013.
[11] Tabela adaptada de LIEBERMAN, 2013. p. 67

Espécie	Datação (em milhões de anos)	Lugar onde encontrado
Primeiros hominídeos		
Sahelanthropus tchadensis	7,5 – 6	Chade
Orrorin tugenensis	6	Quênia
Ardipithecus kadabba	5,8 – 4,3	Etiópia
Ardipithecus ramidus	4,4	Etiópia
Australopitecos gráceis		
Australopithecus anamensis	4,2 – 3,9	Quênia, Etiópia
Australopithecus afarensis	3,9 – 3,0	Tanzânia, Quênia, Etiópia
Australopithecus africanus	3,0 – 2,0	África do Sul
Australopithecus sediba	2,0 – 1,8	África do Sul
Australopithecus garhi	2,5	Etiópia
Kenyantrhopus platyops	3,5 – 3,2	Quênia
Australopitecos robustos		
Australopithecus aethiopicus	2,7 – 2,3	Quênia, Etiópia
Australopithecus boisei	2,3 – 1,3	Tanzânia, Quênia, Etiópia
Australopithecus robustus	2,0 – 1,5	África do Sul

A aparição dos primeiros hominídeos, entre 6 e 7,5 milhões de anos atrás indica uma outra importante informação, quando existiu o último antepassado comum entre humanos e chimpanzés[12]. Por outro lado, vemos que os primeiros da espécie *homo* somente surgiram a partir de aproximadamente 2 milhões de anos atrás. Sobre as espécies do gênero *homo*, Daniel Lieberman também proporciona uma tabela[13] resumida sobre a aparição de cada uma das espécies:

Espécie	Datação (em milhões de anos)	Lugar onde encontrado
Homo habilis	2,4 – 1,4	Tanzânia, Quênia
Homo rudolfensis	1,9 – 1,7	Quênia, Etiópia
Homo Erectus	1,9 – 0,2	África, Europa, Ásia
Homo heidelbergensis	0,7 – 0,2	África, Europa
Homo neanderthalensis	0,2 – 0,03	Europa, Ásia
Homo floresisensis	0,09 – 0,02	Indonésia
Homo sapiens	0,02 - presente	Mundo inteiro

Os quadros acima dão uma pequena noção de como a espécie humana é nova no universo. Ademais, com a afirmação de nossa espécie ocorreu a extinção de todas as demais de maneira a sobrar apenas a espécie humana na face da terra. Disso se pode concluir a velocidade com que ocorre a evolução pautada pela seleção natural tal qual afirmava Darwin, são mudanças lentas e que levam diversas gerações para afirmar-se e confirmar-se como duradouras.

De fato, a evolução da anatomia humana nos propiciou as condições para o início de uma outra evolução, esta sim, muito

---

[12] FLEAGLE, John G. **Primate adaptation y evolution.** San Diego: Academic Press, 1999.
[13] Adaptado de LIEBERMAN, 2013. p. 127

mais rápida e muito mais impactante: a evolução cultural. Não é o momento de abordar os pormenores da evolução cultural, mas algumas circunstâncias deveriam ser mencionadas.

Segundo muitos autores a evolução cultural é um motor de mudanças bastante mais potente e mais rápido que a evolução biológica[14]. A evolução biológica trata de adaptar o corpo para melhor sobreviver ao ambiente em que vive. Por outro lado, a evolução cultural muda o próprio ambiente e inova em soluções para suprir necessidades biológicas mesmo em um ambiente adverso. Ou seja, desde o início da evolução cultural ocorre algo chamado de co-evolução[15] onde biologia e cultura evoluem juntas, uma influenciando a outra.

Outra inevitável constatação é a da teoria do desajuste. A evolução biológica leva bastante mais tempo para se desenvolver, de fato, apresentamos pouquíssimas diferenças significativas com relação aos nossos primeiros antepassados *Homo Sapiens*. Os genes que herdamos foram polidos por milhares e milhares de anos, sob condições adversas e hostis para que chegassem ao ponto em que estamos hoje (lembremos, nossa espécie tem aproximadamente 200.000 anos). Sem embargo, a evolução cultural, principalmente a partir do início da utilização da agricultura (entre 15.000 e 20.000 anos atrás) acelerou sobremaneira a evolução cultural. Por isso, muitas vezes se produz um desajuste entre os tipos de atividade e ambiente para os quais está adaptado nosso corpo e os ambientes e as atividades que devemos enfrentar, as quais, alguma vez, podem causar enfermidades.

---

[14] BOYD, R. & RICHERSON, P.J. **Culture and evolutionary Process**. University of Chicago Press (1985).

[15] DURHAM, W.H. **Co-evolution: Genes, Culture and Human Diversity**. Stanford University Press. (1991).

Olhar os gráficos populacionais pode nos dar indícios de quais foram os eventos importantes que assentaram nossa espécie no planeta. Além disso, podemos chegar à conclusão de que fomos, para as demais espécies humanas, extremamente prejudiciais ao ponto de nenhuma ter sobrevivido ao nosso levantar. Poucas espécies humanas sequer compartilharam o mundo conosco, diminuindo sempre conforme a nossa espécie prosperava.

A população mundial no início do neolítico era de aproximadamente 6 milhões de habitantes. Nos 11.800 anos que se seguiram (de 10.000 a.C. até 1.800 d.C) a população passou de 6 milhões para em torno de 1 bilhão de pessoas. Em outras palavras, levamos quase todo o tempo da existência da espécie para atingir a marca de 1 bilhão de pessoas. No entanto, somente nos 150 anos seguintes (de 1800 a 1950) chegamos à marca de 3 bilhões de pessoas e nos últimos sessenta anos mais que dobramos esta marca, atingindo mais de 7 bilhões de pessoas.

O início da agricultura e, em seguida, o início do período neolítico marcam importantes revoluções na cultura humana e mudam a forma de relação com o ambiente e de alimentar-se. E, é claro, o período do final do Século XVIII marca o início da Revolução Industrial, sem dúvida um dos eventos mais importantes do ponto de vista evolutivo-cultural. Pois bem, a antropologia tentou explicar de diversas formas como a cultura humana chegou até a revolução industrial e produziram-se todas as consequências que hoje conhecemos. Começaremos com algumas das primeiras preocupações humanas com outras culturas e com o impacto do contato entre distintas civilizações e logo veremos a primeira das tentativas de explicar a evolução social a partir de uma regra geral.

3 OS CRONISTAS DAS "ÍNDIAS"

O termo "Índias" aparece assim, entre aspas, para nos dar conta daquele que talvez tenha sido o maior erro semântico da história e que até hoje causa confusão. Na verdade, a época dos descobrimentos foi motivada pela "loucura das especiarias[16]"segundo alguns autores. As nações europeias buscavam acesso para a compra e comércio das especiarias no extremo oriente cujo nome comum eram "as índias" e incluíam, inclusive o território que hoje é conhecido como o país Índia.

Colombo teve acesso à geografia de Ptolomeu e teve contato com diversos navegadores e exploradores portugueses cujas informações acabaram por convencer-lhe da ideia de que a terra era redonda. Portanto, seria possível chegar às índias navegando para o ocidente a partir da Europa. Colombo levou a ideia e seu

---

[16] VARGAS, E. V. Fármacos e outros objetos sócio-técnicos: notas para uma genealogía das drogas. *in*: **Drogas e cultura: novas perspectivas.** Salvador: EDUFBA, 2008.

projeto ao monarca português. Uma junta de especialistas do Rei Dom João II rechaçou as ideias de Colombo e, logo após, Bartolomeu Dias contornou o Cabo da Boa Esperança, encontrando um caminho para as índias através da costa africana. Colombo então muda-se para a Espanha (à época Reino de Castela unido ao de Aragão pelo casamento dos Reis Católicos) e apresenta seu projeto que é financiado e Colombo realiza sua viagem. A viagem tinha a intenção de chegar às índias pelo ocidente. Nada mais natural que ao chegar à terra firme Colombo e sua tripulação tomassem por "índios" os habitantes daquela terra. Atualmente, o termo "índio" possui esse duplo significado e serve para designar, tanto em português como em espanhol, os nativos da Índia ou os habitantes nativos da América. Ou seja, a confusão criada na época de Colombo segue até hoje e somente o contexto da frase ou do texto permite-nos concluir se falamos dos habitantes da Índia ou dos habitantes da América.

Pois bem, a chegada dos europeus à América foi um fato sem precedentes na história mundial. Poder-se-ia afirmar, inclusive, que foi a fagulha inicial do desenvolvimento da antropologia, que somente irá se afirmar como campo autônomo do saber no século XIX mas que nasce com o encontro das civilizações. É por este motivo que opto por incluir os cronistas das índias entre as escolas que contribuíram para a evolução da teoria antropológica. Os cronistas são os precedentes da antropologia como conhecemos e que nasceu efetivamente com o evolucionismo do século XIX.

Os relatos dos cronistas são em sua maior parte descrições sobre os costumes e práticas dos povos nativos da América. Sobretudo os religiosos, entre eles os missionários, buscavam descrever a cultura americana para que essa pudesse ser conhecida na Europa. Os séculos XVI e XVII foram especialmente pródigos em tais relatos.

Seria impossível aqui referir a todos que realizaram relatos e descrições da América logo que esta ficou conhecida pelos europeus. Citaremos alguns exemplos, daqueles que ganharam maior fama e prestígio com suas obras.

O primeiro e talvez mais famoso dos cronistas é o Frei Bernardino de Sahagún. O frei nasceu na localidade de Sahagún no então Reino de León e que hoje é a província de León na Espanha. Aos 20 anos mudou-se para Salamanca com o objetivo de estudar na Universidade de Salamanca. Logo após concluir seus estudos foi ordenado frei e integrou uma missão com outros frades à Nova Espanha (atualmente o México). No México o frei preocupou-se por registrar e aprender as línguas e costumes dos locais. A obra de sua vida *História Geral das Coisas da Nova Espanha*[17] foi escrita de maneira bilíngue em *Nahuatl* (a língua local à época) e também em castelhano. A obra foi confiscada pelo Conselho Geral das Índias logo após tornar-se pública pelo temor de que pudesse dificultar a evangelização dos índios se conhecida. Uma das cópias, acabou com a família Médici em Florença e também é chamada de Códice Florentino. A História Geral das Coisas da Nova Espanha é um enorme apanhado descritivo, inclusive com imagens desenhadas pelo autor, dos costumes locais dos índios da América Central e é um ótimo exemplo do labor dos cronistas das índias.

Alguns outros autores também imortalizaram seus relatos como Alvar Nuñez Cabeza de Vaca. Cabeza de Vaca foi um dos denominados "conquistadores da américa", ou seja, um dos pioneiros espanhóis na exploração do novo continente ainda na

---

[17] SAHAGÚN, B. **Historia General de las cosas de Nueva España**. México: Porrúa, 1969.

primeira metade do século XVI. Sua obra, *Naufragios y Comentarios*[18], narra suas expedições e inclusive um período de cativeiro de mais de 5 anos entre tribos indígenas americanas após o naufrágio do buque em que estava. Além disso, Cabeza de Vaca, em sua segunda viagem a América, desembarcou na Ilha de Santa Catarina e realizou, por terra, a viagem até Assunção no Paraguai. Foi o primeiro explorador a realizar essa viagem por terra e relatar a expedição e suas dificuldades.

Por fim, como último exemplo dos cronistas das índias, citamos Hans Staden, um navegador alemão que foi capturado pelos índios tupinambás no que hoje é o litoral do Estado de São Paulo. Staden viveu por aproximadamente 10 meses em cativeiro com os índios que, segundo ele, eram canibais (o canibalismo era ritual segundo as próprias descrições do autor) e tinham a intenção de comê-lo na próxima festividade. Na sua descrição Staden narra seu período de cativeiro em poder dos tupinambás e as formas como conseguiu escapar, com burlas e enganações como a previsão do tempo, pois então os índios acreditavam que ele tinha efetivamente poderes mágicos e podia controlar a chuva. Staden foi resgatado e ao regressar à Europa escreveu um relato de seu período em cativeiro e das suas peripécias. O livro recebeu o título de *Verdadera historia y descripción de un país de salvajes desnudos, feroces y caníbales, situado en el Nuevo Mundo, América*[19]. O livro fez sucesso à época e causou grande furor pelas referências ao canibalismo, contribuindo, quiçá, para uma visão distorcida dos indígenas americanos.

---

[18] CABEZA DE VACA, A. N. **Naufragios y Comentarios**. Pozuelo de Alarcón: Espasa Calpe, 2005.

[19] Trata-se da tradução para o castelhano, do título original em alemão. A versão consultada é a seguinte: STADEN, H. **The adventures of Hans Staden / Hans Staden ; adapted and simplified by R. L. Scott-Buccleuch. Madrid: Alhambra, 1987.**
Existem também versões em português como por exemplo uma lançada pela Universidade de São Paulo com o título "Duas viagens ao Brasil".

Os cronistas das índias, como vimos, contribuíram com a descrição detalhada dos costumes de distintas partes da América. Esses relatos tiveram o mérito de começar a confrontar os dois mundos, comparar costumes e criar esse sentimento de alteridade entre Europa e América. Ademais, do confronto e comparação destes costumes surgiram também importantes escolas filosóficas que debateram os direitos dos índios, a sua subjetividade e seus costumes. Apesar de não serem autores que possamos dizer que fizeram antropologia, ao menos no sentido atual do termo, tiveram grande importância no florescimento dos debates de cunho antropológico e a imensa quantidade de dados etnográficos fornecidos pelos cronistas será utilizada, posteriormente, na criação de teorias nomotéticas da evolução cultural pelos evolucionistas do século XIX.

4 O EVOLUCIONISMO DO SÉCULO XIX – EVOLUCIONISMO UNILINEAR

Charles Darwin tornou mundialmente conhecido o termo evolucionismo ao aplicá-lo à evolução biológica, contribuindo para uma explicação científica e lógica sobre a origem da vida. A importância do termo transcende e muito o plano biológico e a discussão acadêmica sobre as diferentes espécies. A aceitação das ideias de Darwin pela comunidade científica supôs o rompimento oficial da academia com os dogmas religiosos sobre a origem da vida e permitiu um avanço mais veloz e menos compromissado com o impacto das descobertas sobre a religião.

No plano social, a ideia de evolução é mais antiga que no plano biológico e Spencer já tratava do assunto anteriormente ao uso e difusão do termo por Darwin. No entanto, devido à grande difusão e aceitação das ideias de Darwin, houve quem chamasse o evolucionismo aplicado ao plano social de "Darwinismo Social". Contudo, aqueles mais ortodoxos contrapõem afirmando que, como a ideia partiu de Spencer, na verdade a teoria de Darwin é um "Spencerismo Biológico".

Embora utilizemos a mesma nomenclatura para falar de evolucionismo nos planos biológico e social (e aqui fica patente a "vitória" de Darwin na difusão e aceitação do termo) ambas evoluções são diferentes. A evolução biológica é essencialmente substitutiva, ou seja, substitui as espécies menos adaptadas pelas espécies melhor adaptadas ao ambiente. Já a evolução cultural é primordialmente acumulativa e permite uma maior variabilidade de condutas e pautas igualmente eficazes para adaptação e para atingir os mesmos fins.

A maioria dos manuais de antropologia que trata sobre a etapa evolucionista invariavelmente inicia os estudos a partir da obra de Lewis H. Morgan[20], *Ancient Society*, ou Sociedade Primitiva, na versão em português. Marvin Harris, Ángel Espina Barrio, Carmelo Lisón Tolosana, Lucy Mair, Phillip Kottak, entre outros, iniciam seus respectivos tópicos sobre o evolucionismo tendo como ponto de partida as ideias de Morgan.

O autor começa seu livro declarando ser lógica a evolução social, tanto no que se refere a achados e invenções como no tocante às instituições. Além disso, segundo ele, o homem "*labra su ascenso*", isto é, trabalha para ascender da selvageria à civilização. Em seguida, propõe-nos um esquema evolutivo desde a pura subsistência até a existência da propriedade privada socialmente instituída. No caminho, desenvolvem-se os sistemas de governo, a linguagem, a família, a religião e a vida no lar.

Morgan pontua eventos específicos os quais, para ele, possibilitaram a passagem de uma etapa evolutiva para a posterior

---

[20] MORGAN, L.H. **La sociedad primitiva**. Madrid: Endymión, 1987.

Rechaça o autor, de pronto, as denominações sumamente utilizadas em arqueologia como idade da pedra, do bronze e do ferro alegando que as mesmas são insuficientes para denominar a evolução social.

Logo após, passa o autor a dar-nos a sua própria denominação a qual reputa correspondente às etapas de evolução. Seriam elas: selvageria, barbárie e civilização. As duas primeiras divididas, por seu turno em estágios inferior, médio e superior. Resumidamente, poderíamos oferecer um pequeno conceito de cada período baseando-nos nas próprias definições resumidas que traz Morgan.

O estado inferior da selvageria terminaria com o aprendizado do uso do fogo e o começo do uso da palavra. O período médio da selvageria inicia com os acontecimentos que ocasionaram o final da etapa anterior e termina com a invenção e uso do arco e flecha. Por último, o período superior da selvageria começa com o uso do arco e flecha e termina a partir da descoberta da olaria e do uso de utensílios de barro.

Segue-se o período de barbárie que tem a sua fase inferior iniciando-se com o uso dos utensílios de barro e final com a domesticação de animais (critério válido para o hemisfério oriental apenas) e com o cultivo do milho e outras plantas mediante o regadio e também uso da pedra e do adobe na construção de casas (critério válido para o hemisfério ocidental). O estágio médio inicia com os elementos que finalizaram a etapa anterior e termina com a descoberta do processo de fundição do ferro mineral. O estágio superior da barbárie inicia com o processo de fundição do ferro e vai até a invenção do alfabeto fonético e o uso da escrita. A partir do uso da escrita Morgan já estabelece a denominação de civilização na qual todavia nos encontramos.

É importante notar como o elemento da subsistência e as formas de lográ-la recebem especial atenção de Morgan para marcar a passagem de uma etapa evolutiva à outra. O que chama no decorrer de sua obra de "artes de subsistência" foram as condições que possibilitaram mudanças importantes no modo de vida humana.

No que interessa ao nosso assunto, em especial, as ideias e conjecturas de Morgan são bastante interessantes. O conceito de mudança através da forma de subsistência que primeiro possibilitou a vida longe de região particularmente provedora de fácil alimentação, do adensamento populacional em virtude de uma maior disponibilidade de alimentos e a consequente mudança na estrutura social para permitir tal estilo de vida.

Assim, pode-se dizer que o motor da evolução da sociedade é a necessidade de subsistência. Pode-se dizer, inclusive, que a formação dos grupos sociais que discute *societas* (grupo social baseado em clãs e *gens* com relações de caráter social e sem existência de Estado) e *civitas* (grupo social baseado na propriedade e no território, as relações se referem ao território e o Estado atua acima dos demais grupos) se dá principalmente pela necessidade de apoio mútuo em razão da sobrevivência.

Morgan teve o mérito de tentar organizar a evolução dos grupos e sociedades humanas e, de maneira inédita, tratar a evolução da espécie como una. Muitas críticas posteriores se fizeram ao seu trabalho e, ainda assim, a obra teve o condão de suscitar discussões e incentivar a proposição de teorias diversas. A obra de Morgan influenciou também a obra "O Capital" de Marx, provavelmente um dos textos que mais suscitou e suscita paixões e ódios na história ao lado dos textos religiosos como a bíblia e o alcorão.

A atividade humana voltada para subsistência é imperativa e, como vimos, presente desde a aurora da espécie humana. A relação de toda a estrutura social tem a ver justamente com a necessidade de implementação de meios para a sobrevivência da espécie. A propriedade, o Estado, e a família monogâmica patriarcal são consequências felizes ou infelizes de tal processo evolutivo apresentado por Morgan e que serão discutidos também por Engels, como veremos a seguir.

Temos também como um dos primeiros evolucionistas Edward Burnett Tylor[21]. As ideias de Tylor são inauguradoras da ciência antropológica inglesa tanto quanto são as de Morgan para a realidade estado-unidense.

O livro de Tylor, ainda que bastante criticado depois de tantos anos, possui muitas qualidades. A sua convicção pelo desenvolvimento não ocasional de um estágio selvagem até um estágio superior é um dos pontos centrais de sua teoria.

Nesse sentido, Tylor afirma que *"cuando los hombres no alcanzan a ver la línea de conexión de los hechos, se sienten inclinados a valerse de las nociones de impulsos arbitrarios, de infundados caprichos, de azar y de absurdo y de indefinida inexplicabilidad.[22]"* Tylor acredita que a humanidade desenvolve uma espécie de caminho gradual desde o estado selvagem. Para isso, o homem responderia a uma necessidade natural e instintiva de criar novos métodos e meios de sobrevivência. Destarte, a evolução cultural também é, de certa forma, uma evolução nas capacidades de cognição da espécie.

Um dos pontos que podemos destacar em sua obra é a teoria da sobrevivência na cultura. Segundo ela, alguns costumes

---

21 TYLOR, Edward Burnett. **Cultura Primitiva I. Los Orígenes de la Cultura**. Madrid: Ayuso, 1977.
22 Idem. p. 34

permanecem amplamente utilizados em algumas sociedades de estado "avançado" mesmo sendo oriundas de estágios anteriores menos avançados. Tais costumes muitas vezes sequer podem ser situados no tempo ou conhecida sua origem ou sua utilidade, são apenas praticados, constituindo um bastião de estágios anteriores dentro de uma nova cultura. As sobrevivências também poderiam atuar como fases de um estágio de transição entre culturas.

Tylor apresenta um critério também bastante interessante ao nosso tema. Utiliza ele o critério do desenvolvimento das artes industriais que seriam a manufatura de instrumentos e utensílios, o manejo de metais, a agricultura, as formas de construção e etc. Tal desenvolvimento das "artes úteis" como chega a chamá-las em sua *Introdução ao estudo do homem e da civilização*[23], é o que marca os avanços e retrocessos da civilização. Critério parecido é utilizado por Morgan e repetido por Engels ao falarem sobre os finais de um estágio e início de outro a partir da invenção do arco e flecha, do uso de utensílios de barro entre outros.

Portanto, o trabalho de Tylor é uma das obras fundadoras da antropologia moderna. Suas ideias não são mais aplicáveis em sua maioria, mas possibilitaram um grande avanço da ciência antropológica.

O livro de Frazer[24] tem muitos méritos. O texto é bastante agradável e a narrativa perpassa lugares, épocas e povos diferentes a partir de um estilo bastante particular do autor.

O livro se desenvolve a partir de duas perguntas sobre o ritual do sacerdote/rei do culto à Deusa Diana nos bosques e lago de

---

23 TYLOR, Edward Burnett. **Antropología: introducción al estudio del hombre y de la civilización**. Barcelona: Editorial Alta Fulla, 1987.
24 FRAZER, James George. **La rama dorada: Magia y Religión**. México, D.F.: Fondo de Cultura Economica, 1956.

Nemi na atual Itália (província de Roma). O ritual de troca de sacerdote apresentava duas especificidades intrigantes para Frazer. Primeiramente, qual seria o motivo de o sacerdote sucessor necessitar matar o antecessor para assumir o posto? E, depois, porque antes de cometer o assassinato deveria quebrar uma rama de visco dourada que crescia na árvore sagrada do bosque?

Primeira pergunta: entre o céu e a terra. Como a vida da comunidade dependia da saúde e vitalidade da vida do rei/sacerdote. Assim, o rei deve morrer quando esteja em plena vitalidade dando forças ao seu sucessor numa continuidade de gerações em plena força, habilidade e destreza. O definhar de um rei e as agonias de uma morte natural seriam também sentidas pelo povo.

Segunda pergunta: o rei personificava a árvore em que crescia a rama dourada (visco – planta parasita – o dourada provavelmente se refere à rama seca). Assim, arrancar e quebrar a rama dourada servia para debilitar as forças do rei e possibilitar sua morte.

A busca por essas respostas é o fio condutor da obra de Frazer. Por questões óbvias, não revelaremos aqui a resposta a tais questionamentos como forma de incentivar o leitor a empreender a descoberta juntamente com Frazer. O estilo, narrativa e fluidez de um texto denso encantaram e encantam muitos estudiosos ainda hoje. Por isso, é uma obra emblemática no campo da antropologia.

A análise que o autor faz da magia, da ciência e da religião assim como as distinções e classificações da magia simpática que divide em homeopática e contaminante. A magia simpática, segundo o autor, segue a lógica do pensamento científico. Se crê que o sistema da natureza segue uma ordem específica e que um determinado fato gera determinada consequência e assim será sempre que o mesmo fato for repetido. A crença do mago, portanto, é uma crença firme de que ao realizar determinado ato a natureza responderá sempre da mesma forma.

Frazer analisa a crença na magia como uma associação de ideias por semelhança (o que hoje chamaríamos de analogia) ou associação de ideias por contiguidade no tempo ou no espaço. Essa associação de ideias por semelhança produziria a magia homeopática ou imitativa e a associação de ideias antigas produz a magia contaminante. Esta mesma associação de ideias, quando empregada corretamente, para Frazer, produz ciência. Tais distinções são valiosas para o campo da antropologia e propiciaram diversas discussões e reanálises posteriores. Assim, a obra de Frazer, clássica para a Antropologia, termina, após mais de setecentas páginas com as respostas sobre o sacerdócio de Diana em Nemi.

Spencer, ao lado de Morgan, é um dos precursores da ciência antropológica. Escreveu sobre a evolução, tanto biológica, quanto cultural, antes de Darwin. Sua primeira obra: "O progresso, sua lei e sua causa"[25] traz uma perspectiva evolucionista diferente daquela apontada por Darwin dois anos depois, ainda que Spencer já tenha referido sobre a sobrevivência dos mais dotados. A obra utiliza um método comparativo entre as estruturas do Universo e dos seres vivos para explicar o progresso social. Também se lhe pode apontar como o precursor das palavras estrutura, função e sistema com vieses antropológicos, termos até hoje discutidos em muitas obras posteriores.

No seu livro, Spencer procura primeiramente definir o que é o progresso. Para ele a concepção de progresso não pode ser

---

25 SPENCER, Herbert. **El progreso, su ley y su causa**. Tradução de Miguel de Unamuno. Madrid: La España Moderna, 1895.

analisada apenas sob o prisma da felicidade ou da facilitação da vida humana na Terra, esta não seria a definição mesma do progresso e sim suas consequências. Spencer pontua que o progresso atende à uma lei natural, derivada das observações biológicas em organismos vivos, se trata da passagem de algo homogêneo para algo heterogêneo. Esta é a lei fundamental do progresso, seja ele orgânico, seja cultural ou seja social.

Justificando sua teoria, seguem-se os capítulos da obra, no progresso da matéria dá o exemplo da geologia, citando o próprio planeta Terra, homogêneo em seu início como uma massa incandescente e progressivamente mais heterogêneo, com a solidificação de algumas camadas e a liquidificação de outras, até atingir o estado atual. O mesmo raciocínio se aplica aos animais, os quais seriam de uma heterogeneidade constante, ainda que o autor se atenha somente ao grupo dos mamíferos já que, por exemplo, no caso dos répteis, quiçá não seria possível comprovar sua hipótese. No caso dos humanos, argumenta ser inegável a grande heterogeneidade de fenótipos oriundos de um tronco comum.

Chega um momento em que Spencer trata do progresso na vida em sociedade. Este aspecto, por óbvio, nos interessa especialmente. A lei do progresso segue, no tocante à sociedade, a mesma máxima, passa de composições mais homogêneas para outras mais heterogêneas. A primeira divisão que aponta é a cisão entre governantes e governados, passa-se de uma situação de igualdade entre os membros dos grupos (sem embargo da divisão existente entre os sexos), para uma divisão entre aqueles que exercem o poder civil e religioso. Também, destaca, em um primeiro momento, que não há divisão entre o poder secular e o poder religioso, concentrando-se ambos na mesma pessoa. No seio de cada um desses poderes, civil e religioso, também ocorrem subdivisões posteriores, com a fragmentação e escalonamento do poder. Tal é o silogismo do progresso da classe governante.

No caso dos governados, já em tempos de revolução industrial, fala-se em massa de trabalhadores e na divisão do trabalho vigente na época. Parece claro, aponta, que em um primeiro momento cada homem executava todos os trabalhos que necessitava para sobreviver, cuidava da própria alimentação, fabricava armas, construía ferramentas, construía sua moradia entre outras atividades. Pela lei já enunciada, o progresso traz a heterogeneidade do trabalho onde cada homem passa a executar um trabalho específico, não mais para si, mas para os outros. Cria-se assim, uma rede imbricada de relações entre produtores, compradores, fornecedores e vendedores. Spencer aponta como causa do progresso a multiplicidade de resultados que decorre de uma força aplicada, de uma ação. Assim, uma causa única, gera uma infinidade de efeitos causadores da futura passagem do homogêneo para o heterogêneo.

Seguindo a linha de raciocínio acima exposta, temos que a divisão do trabalho, por exemplo, se dá a partir da demonstração, por um indivíduo, de especial aptidão para a realização de determinada tarefa. Assim, aquele indivíduo passa a dedicar-se exclusivamente a tal tarefa e deve, portanto, ser servido pelos demais das diferentes coisas que necessita para sobreviver. Enquanto um se aperfeiçoa cada vez mais na execução de algum trabalho, os outros, via de consequência, acabam por perder as aptidões para o exercício daquela tarefa, necessitando, assim, produzir alguma outra espécie de utilidade para a comunidade.

Inaugura-se assim, para Spencer, o período de necessidade de trocas, precursor da atual organização industrial. Estaria explicada assim, a origem da divisão do trabalho que inegavelmente aumentou em complexidade com a evolução da vida em sociedade. O simples fato do fim da vida nômade, do estabelecimento de grupos em determinados locais tende a aumentar a demanda e perpetuar formas de fabricação de produtos.

A teoria de Spencer, simples em princípio, já que se cinge à premissa de que o progresso se rege pela lei universal da passagem de uma condição homogênea para condições progressivamente mais heterogêneas. O autor não explica o caso das modernas religiões como o islamismo, o catolicismo, o judaísmo, todas religiões monoteístas que foram precedidas por religiões politeístas. Fala-se em aumento da complexidade do poder religioso através das estruturas de controle e administração e os diferentes níveis de sacerdotes. No entanto, do ponto de vista da doutrina religiosa, é impossível comentar, por exemplo, que houve mudança de uma estrutura mais homogênea para outra mais heterogênea.

Por outro lado, poder-se-ia dizer que as religiões citadas viveram justamente o processo contrário, condensaram, em um único Deus, as adorações antes devidas a muitos deuses de igual ou muito parecido status. Ainda que as religiões tenham mantido uma estrutura polissêmica, como no caso do catolicismo com os santos, virgens, anjos e arcanjos, o Deus considerado verdadeiro é apenas um.

No caso da divisão do trabalho tampouco se pode dizer que Spencer tenha acertado em cheio. A hipótese da divisão do trabalho entre mais pessoas não significa exatamente que as funções antes não eram exercidas, no entanto, pela mesma pessoa. A complexidade das teias comerciais sem dúvida aumenta, mas as funções executadas pelo homem considerado individualmente se tornaram e se tornam cada vez mais simples. Além disso, a fabricação de qualquer material se tornou um processo dividido em muitas etapas, cada uma delas extremamente especializada e homogênea quando considerada em si mesma.

A fabricação de móvel para a casa, antes realizada inteiramente pelo carpinteiro, o qual em certas épocas era também responsável pela extração da madeira, agora se tornou um processo em que, quiçá, o trabalhador final só tenha o trabalho de montar e encaixar as peças do móvel, cada uma delas produzidas por uma indústria diferente. Este último trabalho é bastante mais homogêneo quando considerado em si mesmo o anterior, com diversos processos e conhecimentos diferentes.

Desta feita, a teoria de Spencer, mesmo com muitas inconsistências e incongruências, foi um assoalho sobre o qual pisaram muitos antropólogos posteriores. A discussão de suas ideias possibilitou grandes avanços para a teoria antropológica e sociológica.

A obra de Maine[26] pode ser apontada como uma das primeiras que faz a necessária correspondência e aproximação entre o direito e a antropologia. O livro começa apontando questões sobre o direito da Índia, uma questão bastante presente em razão da colonização britânica na região. Na Índia, até os dias atuais, as regras religiosas confundem-se com as regras de direito e são um campo especialmente fértil para estudos no campo jurídico/sócio-cultural. Aliás, o autor aponta um período histórico de necessária confusão entre o jurista e o clérigo, onde os segundos exerceram enorme influencia sobre as regras de direito.

---

26 MAINE, H. S. **El antiguo derecho y la costumbre primitiva**. Madrid: España Moderna, [1900?].

No mesmo sentido é a obra de Fustel de Coulanges[27] que bem retrata as religiões grega e romana da antiguidade e suas influências para o estabelecimento de costumes até hoje existentes. De fato, ambos os autores, Maine e Coulanges, colocam em posição de destaque, para o desenvolvimento do direito, a questão do culto aos antepassados ou conforme o caso, da religião familiar. Tal questão é fundamental, seja na antiga tradição romana, seja na indiana, para definir os contornos do direito de sucessão, do direito de família e também do direito de propriedade.

A família, sob a autoridade suprema do pai (*pater familiae*) é a unidade básica que estrutura a sociedade. O indivíduo, fora da família, não representa quase nada para a organização político-social da época.

A religião familiar é descrita como o culto aos antepassados comuns. O culto é devido por toda a família sendo que o pai é o chefe do culto, só ele pode recitar certas orações, somente ele conhece todo o ritual e é o único que tem a permissão de ensiná-lo aos seus sucessores. O culto aos antepassados é o fator que une a família, um grupo de pessoas que professa o mesmo culto.

Os irmãos, neste contexto, são parentes pois praticam o mesmo culto, adorando os mesmos antepassados masculinos. A esposa, quando casada, entra para a religião do marido e retira-se do culto de sua família de nascimento. O culto dos antepassados, seja em Roma ou na Índia é responsável pela criação e desenvolvimento de várias regras de direito sucessório e familiar assim como ficções jurídicas como a adoção.

---

27 FUSTEL DE COULANGES, N. D. **A cidade antiga**. São Paulo: Editora das Américas, 1961.

Maine destaca que o código de Visnú, na Índia, detalha perfeitamente os ritos e sacrifícios devidos pelos descendentes no culto aos seus antepassados. Segundo Maine[28] *"un hombre puede obtener perdón por haber descuidado todos sus deberes sociales, pero estará por siempre maldito si deja de celebrar las exequias y de presentar las ofrendas que son debidas a sus padres"*. Tal afirmação deixa bem clara a importância do culto aos antepassados para os indianos.

Está clara a importância do sistema de culto para o direito até os dias de hoje. Tanto Maine quanto Coulanges o reconhecem. Também parece bastante certo que a sacralidade do pai como futura divindade a ser adorada e também como sacerdote supremo do culto familiar tenha aumentado o poder patriarcal até um extremo inconcebível mesmo para a época e incompreensível nos dias de hoje. Do culto familiar surgem outras muitas consequências interessantes, as quais ainda hoje experimentamos. As palavras pai e padre em muitos idiomas são exatamente as mesmas, para designar duas coisas diferentes. No italiano, padre (progenitor) e padre (sacerdote da igreja católica apostólica romana), igualmente no espanhol padre para as duas designações e também no inglês (*father*). Não é pura coincidência. O pai exercia as duas funções e arriscamo-nos a afirmar que a de sacerdote era bastante proeminente.

Outras questões como a palavra que designa a casa, o domicílio da família, era o nome pelo qual se denominavam os espíritos dos antepassados *lares* em Roma ou *manes* na Índia. Também o costume de pegar a noiva nos braços ao entrar no recinto nupcial tem a ver com a complementação do ritual de passagem da esposa para a religião do marido sem a qual esta última não poderia cruzar/tocar o umbral da casa deste por ser sagrado e sob pena de profanar o culto familiar. Enfim, a questão

---

28 MAINE, [1900?], p. 54

do culto dos antepassados traz diversas e importantes questões interessantes para a antropologia do direito e para esclarecer alguns costumes em geral.

Maine tenta, através da observação possível dos costumes antigos, compor uma teoria para o desenvolvimento da sociedade em geral. Segundo ele, a família patriarcal, governada pelo ascendente masculino mais velho é o antecedente mais próximo da família tal qual conhecemos hoje. Em tal ponto, coincidem, para Maine, os direitos indiano, eslavo, grego e romano. Aliás, faz-se a ressalva, como na filologia que supõe a descendência de uma mesma língua comum para várias línguas, sem, no entanto, conhecer exatamente aquela língua antecedente. O mesmo poder-se-ia dizer dos modelos familiares das sociedades e povos já citados.

É importante destacar as ideias de outros autores, como, por exemplo, Lewis Henry Morgan, sobre quem já comentamos e que, ao contrário de Maine, atribui à sociedade matriarcal a condição de precedente do modelo atual. Em nosso ver, as teorias não são exatamente incompatíveis. Morgan se refere a tempos bastante anteriores ao que pudemos conhecer através das sociedades indiana e romana mais atuais. Desta feita, pode ser que apenas os autores se refiram à períodos diferentes da história. Maine resolve a situação entendendo que ambas as teorias, quando tomadas com pretensões de universalidade, apresentam sérios problemas e grandes dificuldades. É bastante interessante a discussão proposta por Maine no debate das teorias de Mac Lennan e de Morgan.

Maine, contudo, traz diversas visões interessantes para o campo do direito, extraídas da observação da evolução social. Declara que a fonte de todas as novas (na segunda metade do Século XIX) formas de parentesco é o poder. Assim, foi o poder que criou o vínculo que hoje conhecemos como nacionalidade, permitindo distinguir um conjunto de nacionais de outro.

Outra das concepções importantes e dignas de destaque relaciona-se também com o parentesco e com os *Radjputas*[29] da Índia. Nesta sociedade, existem múltiplos círculos de afinidade e sua reconstrução dá a ideia de famílias geradas a partir de um mesmo ascendente comum. Reputa-se um dos enigmas que se impõe sobre a mente humana responder qual o motivo que leva à simpatia e relações com determinados outros humanos, mas não com todos. A resposta para essa pergunta Maine resume como o parentesco. Para os *Radjputas,* a associação, de igual para igual, com alguém com quem não se possui laços de fidelidade (nas diversas acepções e formas que o termo pode assumir) é antinatural e inconcebível.

Um trecho da obra de Maine, o qual pretendemos retomar futuramente, pois tem nítida relação com o nosso tema de estudo, trata sobre o domínio e resguardo de determinada parcela de terra para uso exclusivo de um grupo autorizado. Isto é, num primeiro momento, os grupos humanos reservavam para si uma área de terra da qual retiravam seu sustento através, nos tempos mais remotos, da caça, pesca e recoleção. Em um momento posterior, talvez reservassem a terra para o pasto dos animais, o certo é que tal reserva e defesa se davam por um instinto econômico e de sobrevivência básicos.

Está clara a importância da obra de Maine ao analisar as questões sobre as estruturas sociais e jurídicas antigas. Além disso, Maine foi um daqueles, juntamente com Morgan, Tylor e

---

[29] Uma etnia indiana que, segundo Maine, após um período de conquistas e forte militarismo, foi obrigada, pela invasão muçulmana, a refugiar-se na fortaleza natural (um imenso platô onde hoje se encontra a região indiana do *Rajasthan*) chamada *Radjputana* onde puderam resistir longo tempo à submeter-se aos mongóis.

MacLennan, que influenciou as teorias de Marx, as quais revolucionaram o papel do trabalho e dos trabalhadores na sociedade.[30]

---

[30] IZQUIETA ETULAIN, Jose Luis. **Materialismo, culturas y modos de producción. Alcance y límites de la nueva antropología marxista**. Salamanca: Editorial San Esteban, 1990.

5 MARXISMO E ANTROPOLOGIA

Hegel, o precursor da antropologia marxista

Georg Wilhelm Friedrich Hegel foi, com toda a certeza, um dos filósofos com mais influência para uma percepção global da filosofia da história com pretensões universais. Hegel aproveitou o novo momento criado pela recente e atuante Revolução Industrial (e também pela Revolução Francesa) para estabelecer explicações sobre como haveria chegado a humanidade ao estágio no qual se encontrava.

Hegel tentou estabelecer uma lógica evolutiva, leis da evolução social, as quais seriam inexoráveis e obrigatórias. Tais leis não dependeriam dos indivíduos que, aliás, seriam apenas objetos do espírito.

Outra das aportações de Hegel[31] é a noção de fim da história. Aqui o fim assume o sentido de finalidade e não de final, como soe acontecer em teogonias ou cosmogonias, as quais sempre trazem um momento de "juízo final". Hegel declara que o fim da história seria a plena consciência sobre si mesmo e a liberdade. No mesmo livro, Hegel concebe a história como um processo racional e dependente da política econômica onde o espírito se autorrealiza a partir da superação de sua alienação. Portanto, o fim da história seria a busca de um fim absoluto e não de questões privadas e subjetivas[32].

Além disso, o espírito de que devemos nos ocupar na história, para Hegel, é o espírito do povo, ou seja, o espírito de um indivíduo em geral. Os povos seriam o conceito que o espírito tem de si mesmo. Essa consciência universal contém todos os fins e interesses de determinado povo atuando como uma atmosfera que pesa sobre os indivíduos e que atua sobre ele. Assim, a historia universal seria, para Hegel, a exposição de como o espírito obra para chegar a saber o que é em si mesmo[33]. Portanto o fim da historia ou a finalidade do mundo, seria a plena consciência de sua liberdade pelo espírito, de modo a realizar tal liberdade.

O fim último, a natureza, aquilo que o espírito é em si mesmo é algo universal e abstrato, segundo o próprio Hegel[34]. Para passar da interioridade à existência é necessário um segundo momento: o momento da atuação, da realização, da atividade do homem no mundo e sobre ele. Para a plena liberdade, seria necessário que o homem encontrasse sua própria satisfação em uma atividade ou

---

[31] HEGEL, Georg Wilhelm Friedrich. **Lecciones sobre la filosofía de la historia universal.** Madrid: Alianza, 1982. p. 59-63
[32] SANMARTÍN BARROS, Israel. **El fin de la historia en Hegel y Marx.** in: História da Historiografia, Ouro Preto, nº 12, ago/2013. p. 100-118
[33] HEGEL, 1982. p. 67
[34] Idem.

trabalho. Então, diz Hegel se "*los hombres exigen que, si han de laborar por una causa, esta se les agrade; quieren estar en ella con su opinión y convicción de la bondad de la cosa, de su legitimidad, de su utilidad, de la ventaja que representa para ellos...*[35]".

Hegel também afirma que a atividade é sempre individual, cada um é o que é na ação. Sem embargo, a partir da ação individual é que se realiza o universal. Essa ação individual, a atividade produtora do homem, cobrará bastante importância para o desenvolvimento de uma cultura do trabalho.

Outra das interessantes contribuições de Hegel é o conceito de história lógica, onde cabe aos indivíduos e às sociedades somente executar os desígnios de uma razão lógica que guiaria a história. Ou seja, a evolução teria um sentido determinado, o qual não poderia ser mudado pelos homens. A simbiose entre o contingente e o empírico (aquilo que é realmente histórico) e a racionalidade pode ser interpretada como uma das visões hegelianas. Prescindir de fatos aleatórios ou fortuitos e elevar os dogmas da razão para desvelar leis imutáveis da evolução histórica pode ser uma das consequências da primazia da razão sobre os fatos[36].

Se a história universal é regida por leis obrigatórias, rígidas e imutáveis, pouco espaço sobra para o desenvolvimento e manifestação das decisões humanas, retirando a culpa ou responsabilidade pelos acontecimentos históricos. Desta forma, é fácil justificar qualquer momento histórico a partir das leis racionais que regem a evolução. Sob este teto, qualquer regime, medida ou tragédia é encarada como inevitável e justificável. Sem

---

[35] Idem. p. 81

[36] MANSILLA, Hugo Celso Felipe. **Crítica a las filosofías de la historia de Hegel y Marx a partir de sus consecuencias práctico-políticas**. *in*: Signos Filosóficos, vol. IX, n° 18, México D.F., jul-dez/2007. p. 82-103

travas críticas, éticas e morais, o inevitável pode acontecer das mais diversas formas, justificando absurdos e relacionando o real com o lógico-histórico. Desta forma, é possível avalizar qualquer regime político que seria, conveniente segundo a evolução histórica[37].

Outra obra de Hegel, talvez a mais aclamada e controvertida, produz até hoje releituras e interpretações, A Fenomenologia do Espírito[38], estabelece as bases da definição de autoconsciência em oposição e em jogo com a vida. Qual delas determinaria a outra, vida e autoconsciência, é uma das questões principais da obra de Hegel. Essa descoberta da autoconsciência em que o indivíduo torna-se consciente de si mesmo, é parte de um processo. A descoberta da autoconsciência exige um caminho a ser percorrido pelo individuo e é somente a partir desta descoberta que é possível a emancipação do ser humano.

Para o mundo do trabalho e também para a política, as ideias de Hegel forneceram um amplo arcabouço de argumentos que, aliados à revolução francesa (definida por Hegel como a reconciliação do divino com o mundo[39]) e revolução industrial, começaram a pautar o ideário político-ideológico de muitos, aí incluídos Marx e Engels. A dialética entre mestre e escravo, ou dominação e escravidão é o ponto mais comentado da obra e vem precedida da necessária distinção entre conhecer e autoconhecer-se ou entre um ser consciente e autoconsciente.

Para Hegel a *"autoconciencia sólo alcanza su satisfacción en una autoconciencia distinta, en otra autoconciencia[40]"*. Então, se pode concluir que a verdade sobre a autoconsciência seria a autoconsciência da

---

[37] Idem.
[38] HEGEL, Georg Wilhelm Friedrich. **Fenomenología del Espíritu**. Valencia: Pre-textos, 2006.
[39] HEGEL, 1982.
[40] HEGEL, 2006. p. 285

autoconsciência, uma condição necessária para a existência da autoconsciência[41]. Isto é, a autoconsciência não pode ser alcançada antes de o indivíduo conhecer essa autoconsciência.

A distinção, portanto, entre vida e autoconsciência fica mais clara quando utilizamos um objeto do conhecimento para mediar a relação. Um objeto de desejo, uma refeição que desejemos comer é objeto da autoconsciência enquanto desejo de viver, objeto de desejo, mas não autoconsciência da autoconsciência, ou seja, autoconhecimento. A vida, não é em si mesma, portanto, suficiente para a autoconsciência enquanto autoconhecimento[42].

A diferença entre vida e autoconsciência é bastante útil para a antropologia pois afasta do ser humano apenas seu caráter biológico, carnal, de instintos e desejos. A autoconsciência produz algo sumamente humano, diferente da vida biológica mesma, que é a consciência de si mesmo.

As contribuições de Hegel foram, sem dúvida, bastante novas no campo da filosofia e viriam, no futuro, a influenciar a antropologia de várias formas. Hegel admite um dilema entre determinismo e liberdade. Por um lado temos as leis naturais, inexoráveis e passíveis de aferição através da lógica e, de outro, a liberdade da autoconsciência alcançada. Para ele, este conflito traz em si mesmo as condições de sua superação e é na dicotomia que se encontram as relações de oposição[43].

Tais aportes são extremamente válidos do ponto de vista das identidades. A autoconsciência é definida/alcançada através das

---

[41] WARMINSKI, Andrzej. **Hegel/Marx: Consciousness and life.** *in*: Yale French Studies, n° 88, New Haven, 1995. pp. 118-141

[42] Idem.

[43] NUNES DA COSTA, Marta. **O que Marx nos pode ensinar sobre a nova "classe perigosa" – crítica, neoliberalismo e o futuro da emancipação humana.** *in*: Revista Novos Estudos, n° 101, São Paulo, mar/2015, pp. 97-114.

relações de oposição entre a autoconsciência e aquilo que não é autoconsciência. O conhecimento dessa separação, daquilo que não sou, ajuda a definir aquilo que sou.

Hegel sem dúvida foi um dos principais defensores da lógica dialética em oposição à lógica formal. Esta última, muito bem representada por Aristóteles está fundada na identidade e não contradição. Sem embargo, na lógica dialética, a contradição é vista como parte do processo de pensamento. Hegel busca confirmar a existência de uma razão efetiva no mundo. Ser e pensamento não são, para Hegel, necessariamente opostos. No pensamento o objeto encontra-se de maneira concreta, unem-se assim, espírito objetivo e subjetivo para sintetizar o espírito absoluto de Hegel. E a filosofia, assim, adquire o caráter de ciência do universal, do absoluto mostrada aos homens através da consciência. O absoluto seria uma forma de determinação da história, efetivada através do Estado. Este seria o papel da filosofia, de identidade cultural de caráter nacional, no caso, principalmente o espírito germânico o qual procura autoconhecer-se[44]. Nesse sentido, o próprio Hegel[45], faz algumas considerações sobre essa dialética:

> *"La voluntad es la unidad de estos dos momentos, la particularidad reflejada en sí misma y por ello reconducida a la universalidad: la individualidad. Ella es la autodeterminación del yo de ponerse en lo uno como lo negativo de sí mismo, es decir, de ponerse como determinado, limitado, y al mismo tempo permanecer consigo, o sea, en su identidad consigo y universalidad, y, en la determinación, unirse sólo consigo mismo."*

---

[44] TROTTA, Wellington. **O pensamento político de Hegel à luz de sua filosofia do direito.** *in:* Revista de Sociologia e Política, v. 17, nº 32, Curitiba, fev/2009, pp. 9-31

[45] HEGEL, Georg Wilhelm Friedrich. **Principios de la Filosofia del Derecho.** Buenos Aires: Sudamericana, 1975.

Das ideias de Hegel podem-se extrair muitas conclusões para o mundo do direito e para o mundo do trabalho. Cabe destacar que os conflitos laborais e as contradições entre trabalhadores e empregadores eram, todavia, bastante incipientes quando escrevia Hegel. Isso não impediu que sua filosofia fosse aplicada aos acontecimentos e influenciasse, até hoje, as dinâmicas sociais através das apropriações de suas ideias feitas por outros filósofos, juristas e cientistas sociais.

O autor Eduardo Vazquéz, em sua obra *Dialectica y Derecho en Hegel*[46] faz diversas considerações e aproximações entre o pensamento de Hegel e o direito. Afirma o autor que Marx, ao expor seu método, deixa clara sua dívida com Hegel. Consiste tal método em elevar-se do abstrato ao concreto, de momentos isolados e abstraídos, citando como exemplo o trabalho, divisão do trabalho, necessidade, valor de troca, por exemplo, até momentos mais concretos expressados pelo Estado, trocas entre nações e mercado mundial.

Para Vásquez, a autoconsciência é o elemento que estabelece a igualdade entre os homens. A autoconsciência abstrata estabelece a igualdade abstrata entre os homens. A igualdade verdadeira só existiria no plano abstrato das autoconsciências e da razão universal comum.

O autor também busca interpretar aspectos da filosofia do direito de Hegel, estes fundamentais à noção e natureza jurídica dos modernos contratos de trabalho. Tal questão é sobre o caráter das aptidões pessoais, espirituais, conhecimentos, talentos de cada pessoa que, segundo ele, não podem ser objetos de contrato. Os objetos internos (assim chamados pelo autor) só se coisificam a partir da manifestação externa de tais habilidades e aptidões e essa

---

[46] VASQUEZ, Eduardo. **Dialectica y Derecho en Hegel**. Caracas: Monte Avila, 1968.

manifestação externa sim que poderia ser objeto de contrato. Por isso está a natureza do contrato de trabalho que inicialmente foi concebido como locação da pessoa pelo direito romano e, atualmente, está assentada a separação da pessoa e da personalidade do contrato de trabalho.

Vásquez também menciona aspectos interessantes sobre o direito à propriedade e as desigualdades sociais. Para ele, analisando Hegel, o direito só existe em uma sociedade onde a pessoa possa ser proprietária, o desrespeito à propriedade é um estado natural de violência e de não-direito. A divisão do trabalho e a divisão de indivíduos que realizam diversos tipos de atividades laborais provoca a desigualdade entre os homens e a desigualdade de capital. A desigualdade é, portanto, elemento necessário da sociedade civil. A única igualdade possível é, portanto, manifestada pela igualdade ao direito de propriedade, uma igualdade abstrata produzida pela abstração de todas as desigualdades que imperam.

Tal questão segue discutida pelo autor mais adiante, com o contraponto necessário sobre a impossibilidade de que os homens sejam iguais na lei em aspectos nos quais são desiguais fora da lei (quer dizer, fora da abstração do mundo do direito). O autor cita como exemplo que a todos pode ser reconhecido igual direito a escrever um livro ou frequentar hotéis luxuosos; no entanto, tal direito abstrato esbarraria na falta de meios para concretizar a vontade. É importante destacar a centralidade da oposição entre igualdade e propriedade privada sublinhada por Vásquez na obra de Hegel. A igualdade ou autoconsciência geral seria o "princípio racional criador do direito[47]" e também o fundamento da propriedade privada. Sem embargo, a mesma propriedade privada

---

[47] Idem. p. 78

é a criadora de desigualdades e aqui está implícita a negação da igualdade pela propriedade.

A questão sobre a existência de uma razão universal que de alguma forma rege o mundo também se aplica, em menor escala às razões de cada povo, conduzem a uma força popular interior e silenciosa a condicionar o direito e as relações dos povos. O direito de cada nação, seria assim, construído segundo sua razão histórica[48].

A dialética, a visão do conflito como salutar e profícuo para a evolução e o desenvolvimento encontrariam, também, eco posterior nas ideias de Marx. No caso da classe obreira, existem muitas contradições, sobretudo na ação sindical, que são apoiadas, de alguma maneira na dialética hegeliana. A identidade profissional, ao definir-se precisa de outra identidade, de outra autoconsciência para chegar ao núcleo essencial do que seria uma determinada profissão ou uma consciência obreira/profissional motora da ação sindical.

Outra das evidentes contradições é a relação de oposição/independência entre patrões e empregados. Ambos necessitam um do outro e contribuem para o desvelar mútuo das autoconsciências. No entanto, os interesses são nitidamente contrapostos, pois, em teoria, quanto menos ganhar o empregado, mais ganhará o patrão, embora este último necessite dos primeiros para funcionar e para definir-se como tal. O contrário também é válido no caso dos trabalhadores que dependem do patrão para definir-se como trabalhadores e também o necessitam enquanto objeto de interesse oposto e como provedor do posto de trabalho.

---

[48] ALONSO OLEA, Manuel. **Variaciones sobre Hegel**. Madrid: Civitas, 1987.

Ademais, os trabalhadores enfrentam ainda outro problema, outra contradição no seio da ação coletiva. Os companheiros de profissão que, segundo a lógica hegeliana aplicada a mesma escala, compartilham de uma razão ou espírito comum que os provê com uma similar visão do mundo. Os companheiros, necessários para oposição ao patrão são também concorrentes no mercado de trabalho. Assim, ao mesmo tempo em que se quer eliminar ou prejudicar o objeto da rivalidade, também se necessita do mesmo, por vários motivos e de várias formas.

Curiosamente, as noções de espírito do povo e de uma razão histórica determinante das relações sociais e também do direito (fundamentos da soberania estatal) são utilizados justamente para dificultar a circulação da classe obreira. A consciência de distintos povos serve de fundamento para as fronteiras estatais e justifica a tão difícil circulação de trabalhadores pelo mundo. Do contrário, existe uma livre circulação do capital financeiro o que ajuda na diminuição dos salários, na guerra das moedas e na busca por locais com mão de obra menos organizada e menos custosa.

Talvez uma das melhores interpretações sobre a fenomenologia do espírito tenha sido a do Professor Ramón Valls Plana[49], a mim indicada por meus orientadores e que se revelou uma obra fácil e valente, no sentido de possibilitar uma melhor compreensão do texto de Hegel. É verdade que o mencionado livro apresenta a opinião e o entendimento do autor sobre a obra de Hegel e, nem por isso perde importância ou valor, já que a argumentação é sólida e bem fundamentada.

Logo na introdução, o autor deixa transparecer a importância que reputa à obra de Hegel, principalmente como *"gran antepasado"*

---

[49] VALLS PLANA, Ramón. **Del Yo al Nosotros. Lectura de la Fenomenología del Espíritu de Hegel**. Barcelona: Estela, 1971.

dos estudos marxistas. O autor refere ter querido Marx utilizar a linha de interpretação da dialética da existência humana sobre a terra proposta por Hegel. A conexão entre a fenomenologia e o marxismo é inegável e o autor bem pontua essa interdependência em uma frase que reproduzimos, por entender ser uma ótima reflexão:

> *"Se puede incluso decir que en la fenomenología late un cierto espíritu marxista avant la lettre: sentido dramático de la historia y de su movimiento ascensional, el intento de construir una escatología inmanente y el deseo apasionado, por tanto, de trasplantar el cielo a la tierra mediante la comunidad universal.* [50]"

Valls Plana também faz algumas considerações sobre a obra de Hegel em sua introdução. Por um lado, entende que Hegel não pretende diluir o singular no universal, mas nem por isso pretende deixá-lo isolado, postulando pela necessária compreensão do singular (indivíduo) inserido na sua comunidade. Ainda, o caminho ascendente da consciência não seria apenas um caminho individual mesmo que trilhado pelo indivíduo. Este último, o percorrê-lo, incorporaria a historia coletiva.

Como não podia ser diferente, Valls Plana também faz importantes considerações sobre o capítulo quarto da fenomenologia, geralmente o capítulo mais discutido e comentado da obra.

Para Valls Plana, o reconhecimento mútuo é o que relaciona as consciências entre si e possibilita a unidade do espírito. Cada um busca superar-se consigo mesmo superando ao outro, busca-se no outro, a restituição da própria consciência que se encontra nele.

---

[50] Idem, p. 17.

Esse reconhecimento mútuo assegura a liberdade e independência do espírito no seio da comunidade espiritual. Há, no entanto, imperfeições inerentes à dialética do senhor e do servo. O senhor tem subordinados a si o servo e a natureza (na forma do objeto manipulado/trabalhado pelo servo) e, por isso, se realiza em grau limitado. Já o servo não consegue realizar-se perfeitamente como homem pois não encontra o reconhecimento do senhor como tal. A coisa (objeto) não pertence ao servo, que a transfere ao senhor depois de manipulada (humanizada). Já para o senhor a coisa é somente objeto de gozo. Por isso, o senhor necessita do servo para reconhecer-se como homem e assim, inverter-se-ia a ordem e o senhor ficaria submetido ao servo já que dependente deste para alcançar o autoreconhecimento como homem. Se um dos aspectos fundamentais da humanidade é vencer o mundo e transformá-lo, ao senhor faltaria justamente esta superação do mundo que lhe é entregue através do servo. A subjetividade somente alcançaria sua plenitude ao ser formulada e expressada através do trabalho.

A profundidade e grandeza da concepção de trabalho proposta por Hegel põe de relevo, segundo Valls Plana, o caráter espiritual e humano da ação de transformar a natureza. Certamente, as considerações de Hegel sobre o trabalho informa toda uma plêiade de teorias posteriores e que chegam até os dias atuais, destacando o trabalho como um elemento de dignidade e não somente como um elemento de sobrevivência.

A obra de Hegel é pródiga em ensinamentos e sugestões de tal natureza, que nos mostram muitas aplicações atuais de suas teorias. Embora a obra de Hegel tenha sido inovadora para a época, talvez a razão maior de seu reconhecimento seja haver despertado a crítica e o respeito de Marx, um dos autores que mais causou e causa polêmicas, ódios e paixões.

A Antropologia Marxista

Não por acaso, deixamos de referir as obras de Karl Marx e Friedrich Engels entre os evolucionistas. De fato, as obras de Marx e Engels podem ser apontadas como aquelas que mais influenciaram os trabalhadores mundiais e que seguem, até os dias de hoje, provocando as emoções mais diversas e os mais acirrados enfrentamentos.

Ambos tiveram também suas ideias encampadas por uma multidão de outros autores os quais não poderemos referir a todos, mas trataremos de enfrentar os principais e discutir as teorias centrais do marxismo. Trataremos aqui principalmente de duas obras, que acabaram sentando as bases de todo o pensamento Marxista posterior e por apropriar-se das ideias do evolucionismo de Morgan para adaptá-lo ao materialismo histórico.

A primeira obra de que trataremos é *"Formaciones económicas precapitalistas*[51]*"* na qual Marx realiza um esboço da evolução da humanidade até a entrada na era capitalista, detalhando as condições que tornaram possível as formações capitalistas originárias. O texto faz parte de um manuscrito de Marx, preparatório à redação da Contribuição à Crítica da Economia Política e do Capital. O texto não foi publicado durante a vida de Marx e esta seção ganhou o apelido de *Formen* devido ao título em alemão *"Formen die der kapitalistischen produktion vorhergehen"*. Em nossa opinião, é o texto mais antropológico de Marx e onde restam claras as influências recebidas dos evolucionistas do Século XIX, sobretudo Spencer.

---

[51] MARX, Karl e HOBSBAWN, Eric J. **Formaciones Económicas Precapitalistas**. México, DF: Siglo XXI, 2011.

Marx parte do pressuposto de que o trabalho assalariado e livre é um dos requisitos do sistema de produção capitalista. Para isso, seria necessário separar o trabalhador de seu local de trabalho natural, a terra. A propriedade da terra, e, portanto, dos meios materiais para o trabalho pode ser individual ou comunitária e, em ambos os casos, o trabalhador pode manter uma relação objetiva com sua existência, independentemente do trabalho. O objetivo do trabalho nestes casos não é criar valor e sim propiciar a subsistência do indivíduo, de sua entidade familiar ou mesmo da comunidade. Nestes casos, pode até existir um sobretrabalho com objetivo de criar excedentes que são destinados a trocas. Essas trocas fazem parte do sistema social e auxiliam na manutenção da comunidade enquanto grupo como se poderá ver claramente em Malinoswski.

Segundo Marx, esse trabalhador desnudo (no sentido de propriedades) é um produto histórico da humanidade. Passa-se então a discutir as diferentes formas de relação com a terra durante os séculos. A primeira forma analisada por Marx são as comunidades nômades. Neste caso, a comunidade tribal é o requisito básico para uma apropriação temporária e utilização do solo. A terra, nestes casos, é tratada como propriedade comunitária e o indivíduo somente adquire direitos à ela enquanto pertencente àquela determinada comunidade. Os excedentes do trabalho produzidos, em tais casos, pertencem à unidade suprema que é a comunidade.

A segunda das formas analisadas por Marx também coloca a comunidade como principal fundamento. A principal distinção é o caráter sedentário onde a aldeia transforma-se no centro da comunidade e a terra como elemento secundário, meio de sobrevivência e trabalho. A partir de então a guerra e a conquista tornam-se a grande atividade comunitária ao redor da qual organiza-se a comunidade.

A partir de então, paulatinamente a propriedade do individuo deixa de ganhar valor somente através do trabalho em comum. A comunidade passa a adquirir o status de garantidora das propriedades individuais face às ameaças externas. A comunidade passa a ser o vínculo entre esses indivíduos iguais e livres garantindo-os contra o exterior. Um dos requisitos para que este tipo de comunidade perdure é essa igualdade entre indivíduos livres e autossuficientes. Neste tipo de comunidade, o excedente de produção segue pertencendo à comunidade sob a forma de trabalho guerreiro. A propriedade dos produtos do próprio trabalho é consequência da propriedade dos meios de trabalho (terra e ferramental) garantidos pela existência da comunidade.

A terceira forma de propriedade referida por Marx é a forma Germânica. Neste tipo de organização a propriedade é sempre coletiva e os indivíduos são apenas possuidores de uma fração da propriedade enquanto membros ativos da comunidade.

Já com relação à antiguidade clássica, Marx aponta que a agricultura era altamente respeitada enquanto o comércio e os ofícios urbanos eram pouco apreciados. Na idade média teria ocorrido o inverso, com a valorização do comércio e dos ofícios urbanos. Na antiguidade o trabalho da terra era tido como a ocupação própria do homem livre em razão da própria formação da comunidade, inicialmente a partir de livres proprietários de terra. O artesanato era originalmente um trabalho de escravos libertos e de estrangeiros. Não existia, para Marx, a ideia de uma corporação como entidade autônoma e com identidade própria. Na antiguidade, por exemplo em Roma, Marx refere não ter existido preocupação sobre qual forma de propriedade era mais lucrativa e sim qual forma de propriedade seria capaz de criar melhores cidadãos.

Em todas as mencionadas formas, onde a propriedade da terra e a agricultura são a base da ordem econômica, o objetivo é a produção de valores de uso e a reprodução dos indivíduos. A propriedade vem através do trabalho, e é um pressuposto da existência a possibilidade de acessar a terra e laborar enquanto membro da comunidade. O individuo isolado não poderia ter a propriedade do solo.

Marx acredita que a história pré-burguesa possuiu sempre um fundamento econômico como razão de seu movimento evolutivo. As relações econômicas existiram, para o autor, desde sempre, com distintas roupagens. O objetivo de todas as comunidades seria a sua reprodução, reprodução dos seus modos de existência. No entanto, para Marx, a própria reprodução encerra uma nova produção e a destruição das pautas anteriores. Se cada um dos indivíduos é proprietário ou possuidor de uma parcela de terras, o simples aumento da população exigirá que a comunidade conquiste novas terras. A propriedade, é, portanto, relacionar-se com as condições de produção e reprodução como algo seu.

A formação das modernas relações capitalistas é, para Marx, o resultado de um processo histórico com diversas fases. Para que ocorram as relações do capitalismo é necessária uma conjugação de fatores, alguns enumerados por Marx como por exemplo: a dissolução das relações com a terra como pressuposto inato e inerente à condição de homem; desaparecimento da propriedade dos instrumentos de trabalho; impossibilidade de sobreviver durante o processo de produção; desaparecimento do trabalhador como incluído nas condições de trabalho, ou seja, o próprio trabalhador não importa à realização do trabalho que poderá ser realizado por máquinas, animais ou humanos, o componente principal é a capacidade de trabalho. Estes, são os principais requisitos enumerados por Marx como fios condutores do aparecimento de trabalhadores livres e que não possuem propriedade alguma. Esta carência de propriedades obriga os indivíduos a que se tornem vendedores de trabalho, em outras palavras, trabalhadores assalariados.

Marx ressalta que, para a formação do mercado de trabalho é necessário que exista uma massa de trabalhadores livres de relações de escravidão, servidão ou clientela e livres de posses. Sua única forma de sobrevivência é vender sua capacidade de trabalho ou optar pelo ócio na mendicância e na vagabundagem ou, até mesmo, pela criminalidade. Segundo Marx, as massas optaram pelas últimas vias, mas foram empurradas ao trabalho assalariado pela força e pelo chicote através do poder estatal.

Por outro lado, sentimos necessidade de ao menos tecer algumas considerações sobre a obra mais famosa de Marx, "El Capital[52]". Por óbvio, não se pretende de maneira alguma esgotar o tema. Aliás, sobre "O Capital", inclusive hoje em dia estão a surgir novas interpretações sobre a obra de Marx a exemplo de David Harvey[53] e sua obra "Para entender o Capital".

Em O Capital, Marx procura explicar como se dá a formação e o movimento da produção no seio do capitalismo. O aspecto comum de todas as mercadorias, para Marx, é que são produtos do trabalho. Sua primeira definição é sobre o trabalho humano que seria "*el empleo de esa simple fuerza de trabajo que todo hombre posee en su cuerpo, sin necesidad de especial educación*[54]". Marx ainda acrescenta que em cada sociedade e tempo determinados existe um trabalho

---

[52] MARX, Karl. **El Capital**. Buenos Aires: Maceda, 2014.
[53] HARVEY, D. **Para entender o capital: livro I**. São Paulo: Boitempo, 2013.
[54] MARX, 2014. p. 19

médio, isto é, uma capacidade de trabalho comum à maior parte da população. Também está presente o conceito de força de trabalho entendida por Marx como um conjunto de capacidades físicas e intelectuais do ser humano as quais ele coloca em atividade para a realização de trabalho.

Inicialmente, destaca-se que a função do dinheiro era somente servir de parâmetro de valor para expressar os valores das mercadorias. O dinheiro e a mercadoria estão envolvidos em dois ciclos de movimentos: mercadoria-dinheiro-mercadoria e dinheiro-mercadoria-dinheiro. O possuidor do dinheiro como impulsor deste movimento converte-se em capitalista cujo objetivo é seguir criando a *plusvalia* e aumentando seu lucro.

Marx também divide o processo de trabalho em três elementos simples. O primeiro é a atividade pessoal do homem. Já o segundo é o objeto sobre o qual se trabalha e, o terceiro, é o meio pelo qual se exerce o trabalho. Para Marx, o que importa para a criação de valor é o tempo de trabalho necessário nas condições ordinárias de produção.

Segundo o autor, as diferentes formas de produção que as sociedades adotaram ao longo dos séculos, a exemplo da escravidão e do trabalho assalariado, somente são distintas na forma de impor o trabalho e usurpar o sobre-trabalho do trabalhador. O sobre-trabalho é o tempo que o trabalhador labora grátis, segundo Marx, para o empregador. A remuneração pelo trabalho tem relação direta com o custo da sobrevivência do trabalhador e as possibilidades de que possa reproduzir-se (sustento de sua família). Portanto, o trabalho necessário é aquele que o trabalhador deve trabalhar para garantir o próprio sustento. Além deste tempo, a jornada é normalmente estendida e o trabalhador produz um ganho não remunerado para o empregador.

A jornada de trabalho é, portanto, o elemento central de um cabo-de-guerra entre empregador e trabalhador. A jornada está limitada, ao início, pelas forças do trabalhador que necessita descansar e recuperar forças para produzir outro dia. A duração da jornada de trabalho será, portanto, objeto de luta entre trabalhadores e empregadores, a luta de classes.

A jornada de trabalho (o termo jornada obviamente refere-se ao dia de trabalho, 24h) para o empregador durará 24h completas excetuando-se somente os tempos absolutamente necessários para alimentação e descanso. Assim, não sobra tempo para desenvolvimento físico e intelectual do trabalhador. Na prática, a limitação da jornada de trabalho teve de ser limitada pelos estados, o próprio Marx refere o Congresso Obreiro Internacional de Genebra em 1866 como uma das primeiras iniciativas no sentido de limitar a jornada de trabalho a 8h diárias.

Marx também adverte que quanto maior o número de trabalhadores explorados, maior é a sua capacidade de resistência contra o capitalista. No entanto, segundo o autor, o capitalista também se aproveita dessa coletividade, da força de trabalho coletiva, a qual não remunera. A força de trabalho coletiva seria aquela produzida pelo conjunto de trabalhadores em comunhão de esforços para um objetivo comum.

Esse tipo de manufatura, que emprega um conjunto de trabalhadores como parte de um conjunto e partes de organismo, também retira do trabalhador habilidades e a visão do todo. Ademais, o trabalhador passa a executar somente uma ínfima parte do processo total, atomizando as funções de cada ofício envolvido e simplificando o processo. Essa simplificação retira valor das habilidades especiais necessárias à construção de um produto completo, tal qual o artesão e torna o trabalhador facilmente substituível por outro.

Marx também refere a existência da divisão do trabalho social na manufatura e na sociedade como base do processo de produção de mercadorias. A divisão social do trabalho requer a dispersão dos meios de trabalho entre diversos produtores.

A revolução tecnológica também provocou mudanças na sociedade. Enquanto indisponíveis máquinas para a realização de trabalhos de força, emprestando trabalho mecânico às atividades fabris, era muito difícil que mulheres e crianças pudessem trabalhar. A partir do momento em que a força bruta não é mais necessária, mulheres e crianças podem fazer parte do mercado de trabalho. Tal circunstância diminui o valor da força de trabalho seja pela maior oferta, seja porque a remuneração do chefe da família deveria ser suficiente para sustentar toda a sua família e, a partir de então, esse valor é repartido entre os membros da família. As máquinas também induzem uma prolongação da jornada de trabalho. Como a maquina diminui o número de trabalhadores para determinado capital é necessário prolongar o máximo possível a jornada daqueles que restam, inclusive para aproveitar o maquinário durante a maior parte do tempo possível, inclusive em turnos ininterruptos de revezamento.

Segundo Marx, a relação econômica salarial, serve para ocultar o trabalho não pago realizado pelo obreiro. O preço do trabalho parece ser mais barato para Marx nos países pobres onde os insumos para sobrevivência são mais baratos. A destruição dos privilégios feudais e das regras de reserva de mercado dos grêmios de ofício foram essenciais para a criação do mercado de trabalho livre.

A opção por comentar a obra de Engels[55] logo após a de Marx parece a mais lógica, ainda que esta obra tenha íntima relação com a obra de Morgan. Quiçá o próprio Engels não soubesse ou esperasse que sua obra seria um dia incluída entre as obras de antropologia marxista. À época, a antropologia apenas engatinhava como campo autônomo do saber e a obra de Engels possuía, ao que se depreende de sua leitura, intuito de reforçar as bases da teoria comunista e do manifesto comunista que foi publicado em (1848).

Engels debruça-se sobre as descobertas de Morgan e as analisa sob o prisma das formas de família (das diversas formas existentes até a predominância da família monogâmica patriarcal) e organização até o advento do Estado e da propriedade privada. A crítica é latente e denota sua opinião de que a evolução dos sistemas sociais se dá às custas de hipocrisia e exploração de uma classe pela outra. Assim é quando chega à conclusão de que a família monogâmica patriarcal somente pode sobreviver às custas da prostituição como serviço instituído e aceito socialmente como também do adultério (esse ferrenhamente proibido quando perpetrado pela mulher).

As constatações de Engels sobre o aspecto evolutivo do trabalho são de extrema utilidade ao nosso estudo. O mencionado autor coloca as relações sob um prisma pragmático-materialista e contribui nas discussões sobre o trabalho. Segundo ele, na época da barbárie inferior (recordemos das classificações de Morgan), o escravo capturado não tinha nenhum valor para o captor. Pudera, naquela época um homem podia produzir o justo para sua sobrevivência ou talvez pouco mais. Assim, a praxe entre as

---

[55] ENGELS, Friedrich. **El origen de la família, la propriedad y el Estado.** Madrid: Alianza, 2008.

comunidades era matar o escravo ou incorporá-lo ao grupo como um igual.

Ainda, segundo Engels, as divisões do trabalho operaram mudanças sociais, primeiro na contradição entre a agricultura e outros ofícios e depois na dualidade campo *versus* cidade. O que aponta como a primeira grande divisão social do trabalho é o início da criação de animais e a atividade pastoril. O aumento da produtividade e a extensão da atividade no campo produzem duas grandes mudanças: uma delas é o início da escravidão já que o trabalho passa a ser cobiçado e pode ser fonte de maior riqueza e, a outra, é a mudança de posição no interior do lar.

Destarte, a primeira divisão social do trabalho, segundo Engels, necessariamente divide o mundo em duas classes: escravos e senhores, explorados e exploradores. No seio dos lares não foi diferente. O excedente da produção, muito escasso no período de simples caça e recolecção, agora começa a ser mais farto e tal excedente pertence ao homem. A situação muda o panorama das relações de família. Onde antes os utensílios e o comando do lar eram o mais valioso e importante para sobrevivência deixando de ser com o advento da produtividade incrementada pela posse e criação de animais.

Outro ponto de especial interesse para a presente investigação é o que Engels aponta como a segunda grande divisão do trabalho consubstanciada na divisão entre os ofícios e a agricultura. A constante complexidade da realização de tarefas como, por exemplo, a produção de azeite, de vinho, o trabalho com metais e o trabalho de tecer tornaram impossível que o mesmo indivíduo ou a mesma família dessem conta de produzir tudo que necessitavam. Em tal estágio, segundo Engels, a humanidade encontra-se já no final do período da barbárie superior e nos umbrais da civilização.

Nesse contexto, a produção começa a produzir demasiados excedentes. O homem deixa de produzir para a própria subsistência e passa a produzir intencionalmente excedentes para troca. Estas circunstâncias produzem o que Engels chama de terceira grande divisão social do trabalho. Cria-se uma nova classe que não interfere na produção e sim se ocupa somente da troca: os mercadores.

O autor faz questão de destacar que as divisões na sociedade aconteceram primeiro a partir da escravidão, depois com a servidão e, por último, com o trabalho assalariado que não deixa de ser a forma moderna de exploração. O texto serve para o desenvolvimento e sustentação da teoria comunista e da luta de classes, localizando-a e apontando-a como um dos males da sociedade. As diversas divisões sociais do trabalho a que se refere operaram-se em diversos contextos e, ao que se depreende, foram as causas determinantes das mudanças na família, na propriedade e na forma de Estado.

Além disso, todas as mudanças ocorridas, para Engels, se prestam somente à um único e determinado fim: manutenção da propriedade e da exploração de uma classe pela outra. O livro, ainda hoje, é capaz de suscitar diversas críticas e paixões. O trabalho têm o mérito de colocar as observações de Morgan sob um olhar mais pragmático e que procura explicar a razão dos conflitos da época.

Somente por haver suscitado tantas discussões a obra tem seus méritos. Cobra muita importância, também, a obra de Morgan, a qual sustenta, em grande parte, as teses de Engels. Contudo, destacamos apenas alguns dos aspectos mais importante para nossa investigação. Não se trata de esquadrinhar a obra de Engels e sim de ressaltar a importância da mesma para o paradigma evolucionista e para as discussões em torno do trabalho.

6 O EVOLUCIONISMO DO SÉCULO XX – NEOEVOLUCIONISMO OU EVOLUCIONISMO MULTILINEAR

O livro de Gordon Childe, *Social Evolution*[56], publicado pela primeira vez em 1950, traz um olhar diferente sobre a teoria evolutiva. Além de tratar a evolução e os períodos pelos quais passou a humanidade sob o ponto de vista da arqueologia, Childe propõe novas ideias para a teoria evolutiva que depois serão discutidas e criticadas por autores posteriores.

Childe começa com uma crítica à teoria evolucionista anterior, principalmente a de Spencer, que reputa como causadora de um vício posterior, ou poder-se-ia ler, a inauguração de uma tendência em descrever a evolução em etapas pré-assinaladas apoiando-se em alguns exemplos etnográficos. Segundo Childe, a obra dos evolucionistas como Spencer, Tylor, Maine e outros

---

56 Título do Original em inglês. A obra consultada é a que segue: CHILDE, Gordon V. **La evolución social**. Traducción de María Rosa de Madariaga. Madrid: Alianza, 1984.

desconsiderava vários fatores como a herança recebida, o meio e questões históricas para poder comparar todas as sociedades isolando certos aspectos de cada uma e nunca no todo.

Com relação a Morgan, afirma que este acerta em tentar analisar a evolução social como um conjunto e não apenas aspectos isolados. Entretanto, Morgan segue as mesma abstrações enquanto as diferenças do meio e históricas para considerar o uso de diferentes tecnologias e instrumentos como as linhas divisórias para os seus estágios evolutivos.

Assim, diz Childe, pensou-se que a utilização de critérios mais objetivos para a fixação dos períodos evolutivos acabaria com o subjetivismo das teorias anteriores. Claro, para ele, o que deixavam implícito os autores anteriores era que consideravam mais evoluída a sociedade quanto mais se aproximava esta do modelo europeu vigente à época. No entanto, em termos tecnológicos, a utilidade ou não de um instrumento para determinada sociedade é, segundo Childe, bastante relativa, para cada grupo uma inovação tecnológica pode ter mais ou menos valor, ser mais ou menos necessária, conforme o contexto da época. Exemplifica ele com a questão do automóvel e se um caçador de renas de 30.000 a.C. ou um egípcio de 3.000 a.C. necessitavam percorrer 300 quilômetros a 90km/h. Utilizando tal exemplo conclui que a hierarquia da evolução sob o prisma de tecnologias só pode ser medida através da arqueologia. Reconhece, entretanto, a importância de Morgan dada a circunstância de que Marx e Engels adotaram seu esquema não por acidente e sim por adequar-se à sua concepção materialista da história anunciada em 1859 sobre a qual já discorremos anteriormente. Childe reputa a Morgan a melhor tentativa de organizar a evolução em estágios, ainda que já fosse insustentável àquelas alturas.

Childe reputa o termo evolução, bem como a teoria de Darwin como um ataque direto aos dogmas religiosos que pregavam a caída do homem e a criação de todas as espécies por uma intervenção da providência. No que tange à evolução do homem o dogma atacado era o da caída do homem do paraíso e sua degeneração. Cita Tylor, que, efetivamente, dedica muitas páginas para explicar que os grupos humanos na verdade estão em um caminho para a evolução e que a degeneração poderia ser uma exceção e não a regra.

Childe coloca de manifesto o papel do evolucionismo que não é contrário ao difusionismo. Para ele[57]:

" ... *el conflicto entre evolución y difusión es enteramente ficticio. La difusión es un hecho. La transferencia de materiales desde un territorio a otro está demostrada arqueológicamente desde la Edad de la Piedra Antigua en adelante. Pero si los objetos materiales pueden difundirse así, igual pueden hacerlo las ideas: inventos, mitos, arte, instituciones. Los evolucionistas nunca negaron este hecho, puesto que la 'evolución' no pretende describir el mecanismo del cambio cultural. No es una explicación de por qué cambian las culturas – esto es asunto de la historia – , sino de cómo cambian.*"

Importante também assinalar a definição de cultura de Childe, para quem esta é uma expressão material duradoura da adaptação a um meio que permite a uma sociedade sobreviver e desenvolver-se. A partir daí, Childe passa a apresentar sua proposta de esquema evolutivo, baseando-se, principalmente em dados arqueológicos.

Uma das principais ideias do autor, ele enuncia no segundo capítulo de sua obra. Na verdade, é uma constatação bastante útil

---

57 Idem. p. 21.

e que acaba com as generalizações de grandes períodos aplicáveis ao conjunto da humanidade. Sua principal contribuição, em nosso ponto de vista, foi deixar claro que as diferentes etapas evolutivas não aconteceram ao mesmo tempo e em todos os locais. Ou seja, a cronologia das "idades", termo que Childe desejava ver preterido por "estágios", é sempre relativa e não absoluta. Não existe, para ele, uma Idade da Pedra somente. Existe uma Idade da Pedra para cada local e grupo, dependendo de qual analisamos. A vantagem, no entanto, de cada uma destas idades é que todas representam o mesmo. Assim, a denominação de cada idade obedecerá os mesmos critérios não importando onde esteja e nem em que época. A sequência e os critérios de definição de cada idade permitem comparar as idades de cada uma das zonas e sociedades que se deseja analisar. No entanto, para comparar as culturas, a classificação em idades, é, segundo o próprio Childe, inútil.

Por isso, Childe tenta fazer coincidir as "idades do arqueólogo" com os "estágios do etnológo", isto é, encontrar, por exemplo, a idade neolítica com o estágio de barbárie proposto por Morgan. Entretanto, apesar de algumas idades e estágios apresentarem congruências, no geral, não se pode adotar os mesmos critérios e obter uma total paridade entre as classificações.

Ao tratar sobre as mudanças nos tamanhos das cidades e povoados verificados pela arqueologia através do aumento do número de tumbas, Childe nos dá pistas importantes do início da especialização em matéria de trabalho. Sobre isso, é importante frisar que a questão dos instrumentos utilizados no trabalho ocupa um lugar central para a definição dos contextos e das idades arqueológicas.

O autor aponta a idade do Bronze como a de possível início da especialização do trabalho e cita Engels, para quem se trata, tal fato, da separação entre agricultura e artesanato. Depreende-se que o conceito de especialização aqui é concebido como aquele trabalhador que não produz nem coleta os próprios alimentos e sobrevive, assim, da troca ou venda dos produtos que possui para poder se alimentar. Outra das conclusões a que chega Childe é que os indivíduos que possuem algum tipo de habilidade especial como a fabricação de vasos ou de armas podem ser encontrados em todos os níveis sociais, exceto nos inferiores.

Após resumir as sequências culturais na selvageria e na barbárie (novamente adotando a classificação de Morgan) Childe aponta, já nas conclusões, a chegada ao período da civilização. Ressalta que não se chegou à civilização da mesma forma e ao mesmo tempo em todos os lugares, mas que algumas características são comuns àquelas sociedades que alcançaram tal estágio. Tais características são apontadas por ele como os aglomerados urbanos e a acentuação das divisões no âmbito do trabalho.

Finalmente, Childe chega a algumas conclusões interessantes sobre o processo evolutivo. Primeiro, a par das diferenças no desenvolvimento das sociedades, principalmente no velho mundo, o termo evolução não perde validade, pois significa justamente um processo de variação e de diferenciação, tal e qual significava para Lamarck e Darwin. Childe não exclui a difusão da evolução. Aponta o autor a difusão como um processo cultural de adaptação social além de que, nunca se poderia excluir, *a priori*, a possibilidade de progresso (em um mesmo sentido) de maneira independente. Ademais, conclui ele que a analogia entre a evolução cultural e biológica é falha sem, contudo, admitir que seja impossível pensar na evolução cultural como um processo racional e ordenado capaz de ser explicado e compreendido.

A obra de White[58], publicada pela primeira vez em 1949 explica os fundamentos de uma ciência voltada para elucidar os enigmas e problemas da cultura. Um dos grandes debates, pelo qual o leitor é conduzido durante a obra, é sobre a validade da existência e independência de uma ciência que trate exclusivamente sobre a cultura.

Um dos primeiros argumentos de White é de que a ciência é feita empregando o método científico. A subdivisão das ciências seria, portanto, apenas um reflexo da divisão de tarefas na sociedade em geral. Ou seja, a ciência na verdade é una e suas subdivisões são maneiras de realizar o trabalho científico de maneira que não se poderia conceber ciência em compartimentos estanques e incomunicáveis. Se cremos no contrário, exemplifica White, um astrônomo, ao escrever sobre a história do sistema solar, não faria ciência, pois não estaria utilizando o método científico próprio da astronomia.

White realiza também uma distinção entre planos ou categorias de fenômenos, os quais podem ser culturais, biológicos ou físicos e, por sua vez, manifestar-se-iam nos planos espacial, temporal ou espaço-temporal. Reproduzimos o quadro sinótico apresentado pelo próprio autor[59]:

---

58 WHITE, Leslie A. **La ciencia de la cultura: un estudio sobre el hombre y la civilzación.** Buenos Aires: Paidós, 1964.
59 Idem, p. 38.

	TEMPORAL	ESPAÇO-TEMPORAL	ESPACIAL
CULTURAL	História, História da Cultura ou História da Civilização	Evolução Cultural	Processos não-temporais e de repetição próprios da sociedade humana e determinados culturalmente.
BIOLÓGICO	História racial do homem. História de espécies e gêneros animais e vegetais.	Evolução biológica. Crescimento dos indivíduos.	Processos não-temporais e de repetição na conduta
FÍSICO	História do sistema solar, da Terra, de um continente, sistema de montanhas, rio, gota d'água, um grão de areia.	Evolução cósmica, solar, estelar, galáctica. Desintegração de substâncias radioativas.	Processos não temporais e de repetição na física, química, astronomia.

Seu esquema também serve para, na introdução, realizar uma defesa daquilo que depois virá a ser conhecido como *neoevolucionismo*. White reconhece a grande contribuição de Morgan, Tylor e Spencer, todos já comentados anteriormente, reconhecendo, também, as críticas e imperfeições dos esquemas apresentados por estes.

Seu capítulo seguinte, e talvez o fundamental, trata sobre o símbolo. White reputa a capacidade de simbolização como a base da conduta e da cultura humanas. O autor usa o exemplo da menina Hellen Keller, a qual perdeu muito cedo a visão e a audição e vivia, portanto, alheia ao mundo de símbolos humanos, em estado praticamente animal. A senhora Sullivan, contratada pelos pais da menina para ser sua tutora, começou desenhando palavras em uma das mãos da menina. As palavras, no entanto, eram apenas signos, ausentes de significado. A menina confundia os signos "jarra" e "água" pois ambos, para ela, estavam relacionados ao ato de beber. Contudo, em um passeio pelo jardim, a tutora colocou uma das mãos da menina debaixo de um jorro de água de uma mangueira enquanto desenhava a palavra água na outra. A partir de então, os signos passaram a adquirir significado e a menina passou a realizar um progresso espantoso rumo ao mundo simbólico.

White também é um dos primeiros e fundamentais defensores do vocábulo "culturologia" para designar a ciência que estuda a cultura. Assombra vislumbrar a paixão e dedicação com a qual White defende a cultura e sua importância, afirmando, inclusive, importar mais ao futuro da humanidade aquilo que se passa nas mentes e corações humanos do que aquilo que acontece nos laboratórios e centros de produção. Outra de suas afirmações é também categórica: a cultura possui mais o homem do que o homem a cultura.

Em aspecto especialmente interessante para nossa investigação, White aborda a questão do surgimento da escravidão e seu declínio. O autor não concorda com apontar a origem e supressão do sistema escravista a partir de mudanças na mentalidade ou psique humanas, admitindo primeiro e rechaçando em seguida as ideias escravistas. White aborda a questão do ponto de vista cultural e materialista, isto é, a escravidão surge quando um homem é capaz de produzir mais do que o necessário para o próprio sustento. Por outro lado, o declínio do sistema de escravidão aconteceu em virtude do menor custo e maior eficiência do trabalhador livre. Além disso, o patrão e dono de escravos possuía obrigações com o sustento e cuidado de suas "propriedades", os escravos, enquanto o empregador de trabalhadores assalariados poderia livrar-se dos mesmos no caso de diminuição de suas ganâncias. Destarte, White explica a escravidão através de mudanças tecnológicas e dos mecanismos sócio-culturais e não a partir de mudanças de mentalidade ou psique humanas.

A obra também traz importantes considerações sobre a importância dos sistemas energéticos para a evolução da cultura. Este, talvez seja o traço mais importante e difundido das teorias de White, a centralidade dos sistemas energéticos e do desenvolvimento tecnológico para a cultura humana.

O autor divide o sistema cultural em três aspectos: tecnológico, sociológico e ideológico. O aspecto tecnológico é apontado como o conjunto de instrumentos materiais, mecânicos, físicos e químicos bem como suas técnicas de uso através dos quais o homem se relaciona com seu *habitat*. Já o aspecto sociológico seria composto das relações interpessoais e pautas de conduta. E por fim, o aspecto ideológico estaria composto pelas ideias, crenças e conhecimentos.

Para White, o sistema principal, primário e básico é o tecnológico, sobre o qual se apoiam a vida e a cultura humanas. Os demais sistemas viriam conformados sempre a reboque do sistema tecnológico que marca as mudanças sociológicas e ideológicas. Para medir o grau de desenvolvimento da cultura, White propõe que sejam levados em conta três fatores: a quantidade de energia aproveitada anualmente *per capita*, a eficiência dos meios tecnológicos de aproveitamento de energia e a quantidade de bens e serviços capazes de satisfazer necessidades humanas. Por isso, a fórmula que expressa o grau de desenvolvimento cultural seria resumida por $E \times T \rightarrow C$. "C" é a expressão do desenvolvimento cultural, "E" é a quantidade de energia aproveitada anualmente *per capita* e "T" a qualidade das ferramentas empregadas no consumo de energia. Desta fórmula,

White retira sua lei básica da evolução cultural: *"La cultura evoluciona a medida que aumenta la cantidad de energía aprovechada anualmente per cápita, o a medida que aumenta la eficiencia de los medios instrumentales usados para poner a trabajar la energía.*[60]"

Pelo mecanismo das mudanças tecnológicas, foi possível produzir alimentos para todos com a ocupação de apenas alguns poucos. Tal situação possibilitou a dedicação da mão de obra excedente à outras atividades, acarretando a divisão de funções. Sem dúvida, a obra de White traz aportações novas ao evolucionismo, relendo alguns aspectos da linha teórica, atualizando-a na metade do Século XX.

A obra de Steward faz parte da tendência antropológica a que pertencem também os já citados Leslie White e, em menor grau, também Gordon Childe. O movimento buscava recuperar o conceito de evolução, desacreditado e depreciado desde a escola boasiana. Afinal, o conceito de evolução segue, até os dias atuais, possuindo centralidade e importância vital para as ciências biológicas. O principal livro de Steward[61], *Theory of cultural change*, sobre o qual trataremos de maneira resumida, inaugura um novo paradigma antropológico, ou quiçá dois: a evolução multilinear e a ecologia cultural.

Para Steward a antropologia se distingue no campo das ciências sociais em razão de sua aproximação histórica e comparativa à cultura. As explicações históricas e comparativas em geral possuem três distintas formas: a primeira delas é o "evolucionismo unilinear" onde se acredita que todas as sociedades passam pelos mesmos estágios de desenvolvimento; a segunda delas, em evidente contraste com o evolucionismo estão

---

60 Ibidem, p. 341.
[61] STEWARD, Julian H. **Theory of culture change: the methodology of cultural evolution.** Champaign, IL: University of Illinois Press, 1972.

os relativistas culturais, para quem o desenvolvimento das culturas é divergente e, portanto, o antropólogo deveria buscar divergências nas culturas; e, por fim, o evolucionismo multilinear, defendido pelo próprio Steward e resumido como a crença de que tipos similares de cultura, sob as mesmas condições, mas alguns aspectos da cultura irão se desenvolver da mesma maneira e em uma sequência regular em toda humanidade.

No último parágrafo de sua introdução, Steward faz uma crítica à Leslie White, a quem chama de "culturologista descompromissado", que se preocupa em falar de cultura de um modo geral e não de culturas delimitadas e particulares. Steward atribui esta vontade de desvelar aspectos da cultura em geral como uma pulsão sentida por muitos cientistas sociais para os quais a verdadeira explicação científica deveria explicar todos os comportamentos. Steward, por outro lado, afirma não possuir tal pretensão generalizadora, e sim formular hipóteses e normas em um universo limitado já que, para ele, nenhum fenômeno cultural é universal.

O autor, ao começar a explicar seus métodos, ressalta as distinções evidentes entre os processos de evolução cultural e evolução biológica. Ainda que exista relação entre ambos, principalmente pelo fato de que a evolução biológica foi condição necessária para o progresso da cultura. No entanto, não se pode pretender igualar as evoluções culturais e biológicas, Steward resume tal distinção citando uma asserção de Kroeber: "o processo de desenvolvimento cultural é aditivo e acumulativo ao passo de que a evolução biológica é substitutiva[62]."

---

[62] Tradução livre da frase originalmente em inglês de Kroeber: "The process of cultural development is an additive and accumulative one, whereas the process of organic evolution is a substitutive". one." *in*: KROEBER, Alfred Louis. **Anthropology**. New York: H.B.C., 1948.

A evolução multilinear, segundo Steward, assume que regularidades significativas ocorrem nas mudanças culturais e estão relacionadas com a determinação de leis culturais. O método multilinear é definido como mais empírico que dedutivo o que certamente fará perder em universalidade e, sem embargo, ganhar em especificidade e concretude. Steward ainda faz um aviso de que a metodologia do evolucionismo multilinear não irá contentar aqueles interessados em leis e formulações gerais, já que a grande promessa é a análise e comparação de paralelos e similaridades de maneira limitada.

A seguir, o autor passa a explicar os conceitos da ecologia cultural, outros dos conceitos por ele desenvolvidos e dados a conhecer. Para Steward, o conceito de ecologia é "adaptação ao ambiente[63]", o termo, segundo ele, sempre foi usado como forma de explicar a origem de novos genótipos e variações fenotípicas evolutivas geradas pela interação da interação adaptativa com o ambiente.

O autor acredita que o progresso do *Homo Sapiens* enquanto espécie provavelmente se deve muito mais a causas culturais que físicas. Segundo ele, os grupos sociais determinados por sistemas de parentesco ou por atividades econômicas em determinado ambiente particular são cruciais na diferenciação na emergência de variantes do homem. A tendência, aponta Steward, é conceber as comunidades humanas desde pontos de vista biológicos e conceitos como competição, sucessão, organização territorial, migrações, gradientes etc. Contudo, na biologia, as leis da evolução e os conceitos da ecologia podem ser aplicados a todas as espécies e ambientes envolvidos. O mesmo não ocorre no caso das ciências sociais. O problema das ciências sociais, de explicar as

---

[63] STEWARD, 1972. p. 30 – A expressão exata utilizada pelo autor é "adaptation to environment".

mudanças em padrões culturais em contextos distintos, não pode ser resolvido utilizando-se os métodos da biologia e tampouco leis universais.

Levando em consideração tais diferenças entre a biologia e as ciências sociais, Steward propõe o método da ecologia cultural, como forma de tentar explicar as diferenças culturais entre diferentes áreas. O problema da ecologia cultural, segundo o autor, é pontuar como os ajustes entre as sociedades humanas e o ambiente requerem modos particulares de atuar ou como permitiriam um determinado escopo de atuações possíveis. O autor pretende deixar clara a diferença entre a ecologia cultural e o determinismo ambiental ou o determinismo econômico.

O autor defende um conceito importante e que, em nosso entender, poderia ser extrapolado para outras investigações, ao menos como forma de detalhar aspectos imprescindíveis da vida das comunidades. Tal conceito é o de núcleo cultural[64] o qual define um conjunto de fatores mais estreitamente relacionados com a subsistência e arranjos econômicos. Tal núcleo incluiria as atividades mais intimamente ligadas ao núcleo, sejam de ordem política, religiosa ou social. Quanto mais ligada ao núcleo, menor o potencial de variação de uma pauta cultural segundo Steward. As atividades mais distantes do núcleo seriam mais propensas a variações e estariam sujeitas aos fatores histórico-culturais propiciadas por invenções independentes e aleatórias ou pela difusão. Como exemplo de circunstâncias determinadas pelo núcleo cultural o autor cita o exemplo dos esquimós, onde a caça é escassa e, portanto, caçar em grupos é pouco rentável já que a presa teria de ser muito dividida, não recompensando o esforço empregado na caça. Tal fator também levaria a que os esquimós estejam divididos pelo território em grupos pequenos.

---

[64] STEWARD, 1972. p. 37 – A expressão original é "Cultural Core".

Steward também faz algumas considerações sobre como encontrar o núcleo cultural, que pode ser distinto a depender do tipo de sociedade analisada. No caso de sociedades primitivas, o núcleo estaria próximo às atividades de subsistência como armas e instrumentos de caça e pesca, modos de armazenamento de comida, fontes de água e de combustível e proteção ao calor ou ao frio excessivos. Quando passamos à análise de sociedades mais desenvolvidas, o núcleo estaria mais próximo às tecnologias da agricultura e da pecuária e à manufatura de objetos essenciais. Em um mundo industrial, mais importantes e próximos ao núcleo seriam os sistemas de capital e crédito e os sistemas comerciais.

O autor faz algumas ressalvas apontando que a estrutura e funções do sistema bancário, o qual utiliza de exemplo, representa um aspecto supra-individual da cultura e, apesar de estar introjetado na mente dos homens, o método etnográfico seria de pouca valia para desvendar questões sobre sua operação. Além disso, a questão sobre um sistema bancário não pode ser apartada de outras questões que nela influem direta ou indiretamente como o nível de industrialização, o sistema de leis, a propaganda etc. Neste sentido, Steward divide os componentes mais significativos das sociedades modernas em dois grupos e indica aqueles que, para ele, são suscetíveis de análise a partir do método etnográfico. O primeiro grupo se refere aos componentes que deveriam ser estudados em nível nacional e, o segundo, trata de grupos de subculturas ou segmentos da população. Para o autor, somente no segundo caso a análise a partir de métodos de observação direta usados pela etnologia poderiam ser úteis. Steward refere uma ação contínua de crescimento das culturas onde existiria uma sucessão de tipos de organização mais complexos e novas formas emergentes de organização social. Os tipos de organização anteriores não deixariam de existir e sim se tornariam novas partes de um novo todo mais complexo.

Finalmente cumpre-nos referir algumas considerações que faz Steward e que são de especial interesse para nosso trabalho. Retomando o pontuado acima, o autor menciona que a aproximação etnográfica à instituições do primeiro grupo (instituições nacionais) poderia ser útil somente na medida de desvelar um comportamento estereotipado e formal esperado dos indivíduos enquanto membros de uma instituição (comportamento institucional). Cita Steward que os trabalhadores, vendedores, agentes, gerentes e proprietários que trabalham juntos em determinada fábrica se adaptam a certas pautas de comportamento relacionadas à situação de trabalho comum de todos. Sem embargo, o *status* e comportamento de cada um, apesar de fornecer pistas sobre sua vida fora da fábrica, não chega a oferecer um panorama completo sobre a vida dos indivíduos como religião e vida familiar. Segundo Steward, as pautas comportamentais da fábrica, ou em outras palavras, do trabalho comum, formam apenas uma parte da subcultura de cada indivíduo, que será complementada segundo sua religião, vida familiar, atividades de lazer entre outras muitas.

A teoria de Steward, como se nota, agregou importantes conceitos ao complexo arcabouço conceitual da antropologia moderna. Suas ideias pretenderam sentar uma nova teoria que rechaça o evolucionismo unilinear, o difusionismo e o particularismo histórico, ainda que aproveite conceitos de cada um deles. Além disso, Steward já oferece notas de materialismo cultural ao relacionar pautas culturais com as condições do ambiente, principalmente, com as condições de sobrevivência proporcionadas pelo ambiente (comida, alojamento e combustível fundamentalmente).

7 OS DIFUSIONISMOS BRITÂNICO E ALEMÃO

A corrente teórica difusionista surgiu em resposta às generalizações evolucionistas do Século XIX. A teoria difusionista é talvez uma das partes da contribuição de Boas e seus discípulos, bem como caminha lado a lado com a ideia particularista histórica.

O difusionismo encerra uma contrariedade intrínseca com relação ao evolucionismo. Neste último, defendia-se a unidade psíquica da humanidade, ou seja, face a problemas semelhantes, os grupos humanos tenderiam a encontrar semelhantes soluções. Alguns importantes avanços da humanidade, que para Morgan representavam a passagem de um estágio para outro em seu esquema, teriam sido inventados diversas vezes, por diferentes grupos humanos em distintos lugares. Sem embargo, os difusionistas, ainda que não neguem a importância e possibilidade da invenção independente, atribuem maior importância ao contato entre culturas com a difusão e empréstimo de matizes culturais. Não se pode supor que os difusionistas acreditassem cegamente somente na difusão como meio de modificação da cultura. Em algum momento e em algum lugar foram criadas novas pautas culturais que seriam passadas adiante por difusão. Como é impossível a redução ao infinito, supõe-se, acreditariam os difusionistas no gênesis bíblico, momento no qual foram "inventadas" as tradições culturais da humanidade, modificando-se e avançando pela difusão a partir de tal centro difusor. Está claro ser uma teoria de pronto rechaçada por grande parte da comunidade científica. O difusionismo, tal qual o inimigo que deseja veemente combater, o evolucionismo, viu-se mergulhado em um poço de críticas e provações. Os difusionistas utilizaram algumas unidades conceituais para analisar os padrões de difusão: rasgos culturais, padrão dos rasgos culturais e área cultural. Explica Phillip Kottak[65] que o rasgo cultural seria algo como o arco e flecha, o padrão do rasgo cultural seria a maneira com que diferentes grupos utilizam o arco e flecha para caçar. Por fim, a área cultural seria uma região onde tais rasgos e padrão seriam compartilhados como uma determinada planície, o sudoeste dos Estados Unidos, entre outros. A área cultural teria o condão de limitar a dispersão dos rasgos culturais para fora de tal área devido, principalmente, a fatores ambientais.

O conceito de área cultural, segundo Marvin Harris[66], emergiu das necessidades práticas da antropologia norte-americana para representar de maneira cartográfica os grupos de índios americanos. Pode-se reputar a difusão do termo a Otis Mason[67], o qual utilizou por primeira vez o conceito de área cultural para agrupar os índios americanos em dezoito "entornos ou áreas

---

[65] KOTTAK, Conrad Philip. **Antropología Cultural**. México, D.F.: McGraw-Hill, 2011.
[66] HARRIS, 2003.
[67] MASON, Otis. **Similarities in culture**. *in*: American Anthropologist. N. 8, 1895. pp. 101-117

culturais". Outro americano, Wissler[68], tentou elaborar uma lei geral da difusão, segundo a qual havia sempre um centro difusor e a difusão aconteceria do centro para a periferia. Portanto, os rasgos culturais mais distantes do centro seriam os mais antigos.

O difusionismo começou na Europa, com os Britânicos e Alemães, até chegar na América do Norte não sem algumas modificações que o transmutaram no particularismo histórico da escola boasiana e as derivações das quais foram responsáveis os discípulos de Boas. A escola Britânica, da qual são expoentes maiores Elliot Smith, J. Perry e W.H.R. Rivers, foi chamada, por muito tempo, de escola hiperdifusionista, já que reputava um só foco cultural para toda civilização avançada, o Egito. Segundo a teoria hiperdifusionista, as invenções e inovações produzidas no Egito há cerca de 4.000 anos, muito pelas condições favoráveis apresentadas pela região com relação ao desenvolvimento da agricultura, teriam se expandido pelo mundo através da difusão. A teoria de Elliot Smith se apoia em uma série de verdades inamovíveis (na opinião dos autores): que a cultura surge só sob circunstâncias excepcionalmente favoráveis tendo em vista que o homem é pouco criativo e por isso seria quase impossível que surjam culturas distintas de modo independente; por outro lado, a cultura de outras regiões deve-se ao resultado da difusão desta superior civilização e, por fim, o grau de civilização vai se diluindo na propagação para as zonas marginais sendo que a decadência é um fato importante na história humana[69]. Além disso, Elliot Smith era contra o paralelismo cultural pois acreditava ser um dos diferenciais da cultura humana a dificuldade de prever a conduta adotada ante as mais diferentes situações. Desta forma, jamais

---

[68] WISSLER, Clark. **The relation of nature to man in aboriginal America.** New York: Oxford University Press, 1926.
[69] ESPINA BARRIO. Ángel Baldomero. **Manual de Antropologia Cultural.** Recife: Massangana, 2005.

poderia concordar com as invenções independentes e com a ideia evolucionista da unidade psíquica da humanidade[70]. Já Rivers, ao tentar explicar os contrastes entre as culturas melanésias e polinésias, reputou-os a sucessivas ondas de imigração que teriam provocado a difusão dos rasgos culturais. Além disso, aqueles aspectos não explicados pela sua teoria da difusão foram creditados à desaparição acidental ou a pequenas populações de imigrantes já desaparecidas.

A seu turno, os difusionistas alemães, representados por Fritz Graebner, defendem a expansão de conjuntos de traços culturais partindo de diversos focos. O difusionismo alemão sentou suas bases sobre as teorias de Friedrich Ratzel o qual criticava seus contemporâneos por atribuir demasiadas circunstâncias à unidade psíquica e invenção independente. Para este último, a invenção independente poderia ser uma opção apenas após descartadas outras hipóteses como as migrações ou contato entre povos distintos[71]. Esta série de focos cria uma subsequente série de círculos culturais que aumentam por difusão, sobrepondo-se ou mesmo destruindo uns aos outros. Após Graebner, Wilhelm Schimdt passou a comparar as origens dos empréstimos e da difusão dos traços culturais sendo considerado um evolucionista multilinear[72].

Ambos, Graebner e Schimdt, concordavam em dois critérios para a aferição das afinidades entre as culturas e determinar a cronologia de cada uma delas. O primeiro de tais critérios, chamado critério de forma ou de qualidade aduz serem as semelhanças entre dois elementos culturais não provenientes da própria natureza do objeto, do material do qual estão feitos ou da

---

[70] HARRIS, Marvin. **El desarrollo de la teoría antropologica. Historia de las teorias de la cultura.** Madrid: Siglo XXI, 2003.
[71] Idem.
[72] ESPINA BARRIO, 2005.

função que cumprem, deve ser resultado da difusão sem que a distância que os separa seja excludente de tal hipótese. O outro critério recebe o nome de critério de quantidade e versa sobre a quantidade de semelhanças apontadas entre dois elementos culturais que aumenta a possibilidade de uma relação histórica entre os elementos. Ao utilizar tais critérios, Graebner e Schimidt foram capazes de recriar alguns poucos círculos culturais originais e, a partir daí, toda a história humana poderia entender-se como a simples difusão de pautas culturais desde os círculos originais[73].

O certo é que a tendência difusionista esteve muito ligada à escola americana de sua época e influenciou no desenvolvimento de outra corrente antropológica. A corrente particularista histórica capitaneada por Franz Boas e seus discípulos, principalmente, inaugura alguns novos paradigmas na antropologia moderna.

---

[73] HARRIS, 2003.

8 O PARTICULARISMO HISTÓRICO

Em resposta a toda teoria evolucionista do Século XIX, surge o particularismo histórico. Esta visão da antropologia teve como maior expoente e principal defensor a Franz Boas, quem voltou-se contra as aspirações de revelar leis gerais para a humanidade. Boas advogava por uma antropologia mais voltada aos fatos, ao trabalho de campo e que ressaltasse as particularidades de cada cultura a partir dos processos históricos de desenvolvimento de cada rasgo cultural. Ao contrário dos evolucionistas, os quais pressupunham unicidade de pensamento na humanidade, Boas reputava as diferentes culturas ao conjunto de fatos ocorridos ao longo da história e rejeitava a ideia de que semelhantes causas sempre produzam semelhantes consequências.

O particularismo histórico não se conformava com as conclusões alcançadas pelo método comparativo, até então dominante. O fato de que duas culturas distantes apresentassem semelhantes rituais funerários ou uso dos mesmos tipos de armas não era, para Boas, suficiente para supor uma evolução paralela e uniforme de dois povos que nunca haviam se encontrado. Recolher dados ao azar e, principalmente, de fontes secundárias, comparando-os em seguida, foi um método duramente criticado a partir do particularismo histórico. Ao que parece, Boas não foi um antievolucionista, buscava, entretanto, um método próprio da antropologia o qual a afastaria cada vez mais das chamadas *"hard sciences"*[74]. Ele não refutou em nenhum momento a possibilidade de invenções independentes, evolução paralela ou convergente, embora tenha acreditado que a difusão é mais frequente que as demais hipóteses.[75]

Em seu texto sobre as limitações do método comparativo em antropologia, publicado em 1896, Boas explicita algumas de suas ideias para estabelecer as bases de sua crítica ao método e às concepções evolucionistas. Uma destas é a de que não basta ao antropólogo conhecer algumas concepções de caráter universal, mas também averiguar sua origem e aplicação em cada cultura. Como exemplo, cita o uso de máscaras por alguns povos. As máscaras pretendem enganar espíritos, comemorar fatos ou lembrar defuntos. Cada um dos costumes de usar máscara pode ter se desenvolvido de maneira distinta. Não se pode reduzir o fato ao simples uso de máscaras e concluir que sob determinadas causas a mente humana atua sempre buscando os mesmos resultados. Sobretudo, Boas propõe o estudo dos processos pelos quais se desenvolveu cada costume em cada local distinto. Para isso defende um estudo detalhado do costume sobre o qual se deseja saber dentro da cultura total do povo e conectada com uma investigação geográfica com povos vizinhos. Em resumo, Boas rejeita afirmações *a priori* sobre o desenvolvimento de

---

[74] HARRIS, Marvin. **El desarrollo de la teoría antropologica. Historia de las teorias de la cultura.** Madrid: Siglo XXI, 2003.
[75] BOAS, Franz. **Cuestiones Fundamentales de Antropología Cultural.** Madrid: Solar, 1964.

determinado costume, sobretudo a formulações de leis gerais sobre o desenvolvimento da humanidade.[76]

Boas aplica às concepções universais o conceito de entorno e de variações individuais, em outras palavras, variações geográficas e psicológicas. A formação de Boas como geógrafo provavelmente tem a ver com a formulação de um conceito tal qual o de área cultural. A área cultural consiste em um pequeno entorno geográfico sobre o qual se deve debruçar o pesquisador ao tentar entender determinado aspecto cultural. Deve estudar e comparar dentro da área cultural e, após ter feito isso, pode procurar a extensão dos limites da área cultural além dos iniciais. O autor não reputa o entorno geográfico como fundamental na formação das culturas embora defenda uma conhecida tendência de contato entre povos próximos e a grande probabilidade de intercâmbio de conhecimentos.

Em outro texto posterior, titulado "Os métodos da etnologia"[77], Boas novamente critica autores como Morgan e Spencer, dizendo-os "enfeitiçados" pela ideia de um desenvolvimento uniforme e geral da cultura em toda a humanidade. Toda a teoria evolucionista parte do pressuposto que alguns paralelismos encontrados ao redor do globo entre populações distantes somente podem ser creditadas à tendência da humanidade de encontrar semelhantes soluções para semelhantes problemas. Contudo, como bem afirma Boas, esta é somente uma hipótese e não pode ser generalizada como lei universal.

---

[76] BOAS, Franz. **The Limitations of the Comparative Method of Anthropology**. Science, New Series, Vol. 4, No. 103 (Dec. 18, 1896), pp. 901-908

[77] BOAS, Franz. **The methods of ethnology**. American Anthropologist, New Series, Vol. 22, Nº 4, (Oct-Dic, 1920) pp. 311-321.

À hipótese evolucionista, Boas aduz estar afirmada radicalmente a hipótese difusionista segundo a qual rasgos semelhantes sempre se devem à migração e à difusão. No entanto, para que seja verdadeira, seria preciso conectar de alguma forma áreas extremamente grandes e, por vezes, bastante distantes.

Ao estabelecer as fraquezas de ambos os métodos, levados radicalmente ao extremo, Boas começa a defesa de um terceiro método. Para ele, investigar os detalhes de cada rasgo cultural (utilizando, para isto, o exemplo do desenho de formas decorativas) e acompanhar uma sequência histórica de suas mudanças contribui para descobrir melhor a forma da evolução daquele determinado aspecto cultural. Ou seja, Boas caracteriza o problema da cultura como um problema histórico e afirma ser necessário conhecer não só como são as coisas, mas como chegaram a ser como são.

A partir destas constatações, inclusive as sociedades mais primitivas perderiam sua aparente imobilidade e simplicidade já que o processo histórico de mudança é contínuo e inexorável. Assim, também surge outra questão fundamental, o desenvolvimento de cada rasgo pode ser influenciado pelos indivíduos que compõem cada sociedade e existe mútua influência do indivíduo na sociedade e desta no indivíduo. Assim, Boas reafirma sua ideia de que cada grupo cultural tem sua evolução marcada por peculiaridades internas, pelas influências externas e pelas relações particulares entre umas e outras. Por isto o desenvolvimento de cada grupo é particular, particularidade esta a ser definida através da análise do processo histórico de mudanças enfrentadas[78].

---

[78] Idem.

9 CULTURA E PERSONALIDADE

A corrente antropológica da cultura e personalidade também foi influenciada por Boas já que muitos dos representantes desta escola foram seus discípulos. Contudo, talvez a principal influência sobre os pensadores da cultura e personalidade tenha sido exercida por Freud. Ainda que à primeira vista pareça que os dois autores não compactuam das mesmas ideias, o que em parte é verdade, os arcabouços teóricos desenvolvidos por um e por outro foram complementares, possibilitando o surgimento de uma nova maneira de pensar as mudanças culturais.

De fato, a teoria evolucionista do século XIX é repleta de generalizações em diversos aspectos. Morgan, por exemplo, constrói uma sequência de estágios evolutivos onde a organização do parentesco progride em direção à família monogâmica. Ou seja, os grupos humanos teriam uma orientação mais promíscua no início e mais reprimida com o passar do tempo. Para Freud, a ideia de uma progressiva repressão sexual servia especialmente ao desenrolar de suas teorias.

Freud defende que uma progressiva repressão dos impulsos libidinais leva a criança à enculturação facilitando, posteriormente, a formação de grupos sociais e a sua coesão. O conflito edípico, cuja universalidade foi defendida por Freud baseia-se nas renúncias aos impulsos e repressões aos instintos que gera nos infantes sentimentos hostis com relação ao pais e a um sentimento de culpa[79].

Muitos autores se destacaram nesta corrente de pensamento. Entre eles podemos citar Margaret Mead, Ruth Benedict, Abram Kardiner, Géza Roheim, Ralph Linton e Robert Levine. Claro que não nos cabe analisar exatamente as contribuições de cada um deles. Contudo, é conveniente ao menos citar as principais contribuições de cada um dos autores à teoria antropológica.

Ruth Benedict[80], por exemplo, a despeito de muitas vezes duvidar da teoria psicanalítica, colocava a mesma em enfoque ao afirmar a enculturação a partir de certos ideais ou pautas de conduta como os apolíneos *Zuñi* (sudoeste norte-americano) ou os dionisíacos *Kwakiutl* (nordeste norte-americano). Melhor que os evolucionistas do Século XIX, até mesmo por se tratar de uma comparação mais restrita e sem pretensões de generalização universal.

Benedict realizou a comparação de diversas pautas dos *zuñi* e dos *kwautiutl* para defender sua teoria de que a cultura particular é integrada por um ou dois temas psicológicos dominantes os quais influenciam os demais aspectos culturais e mantêm, naquela determinada comunidade, algum grau de coesão. Pretendia, assim, etiquetar as culturas de acordo com os atributos psicológicos de cada uma delas. As comparações procedidas por Benedict são

---

[79] ESPINA BARRIO, Ángel Baldomero. **Manual de Antropología Cultural**. Recife: Massangana, 2005.
[80] BENEDICT, Ruth. **El hombre y la cultura**. Barcelona: Edhasa, 1989.

ricas em detalhes e abarcam um grande espectro de pautas culturais dos grupos estudados.

Os *kwautiutl* foram classificados por Benedict como um povo esforçado em superar os próprios limites, cometer excessos e não esmorecer diante de limitações. Por isso, os *kwautiutl* valorizavam as drogas, o álcool e o transe como formas de ingressar em outra ordem da experiência e foram tomados por dionisíacos. Já os *zuñi* eram um povo mais tranquilo e pacífico que desconfiava dos excessos e dos extremismos. Destarte, os *zuñi* receberam a classificação de apolíneos em referencia à Apolo, Deus grego do fogo e da luz.

A corrente defendida por Benedict ficou conhecida como configuracionismo pois entendia que as culturas estavam integradas e que todas eram únicas e singulares. Ademais, se chegou a entender terem as culturas uma tendência normal para a consistência. Benedict preferiu comparar padrões gerais de conduta de determinados grupos humanos do que selecionar determinadas pautas e compará-las de maneira transcultural[81].

Posteriormente, a análise de Benedict recebeu muitas críticas. Por exemplo, acreditar que uma cultura integrada e fundada em determinados rasgos culturais era na verdade um fato raro como, aliás, de certo havia previsto a própria autora ao afirmar que muito poucas culturas poderiam encaixar-se na dualidade apolíneo-dionisíaca. Outra das críticas recebidas foi no sentido de que os princípios ou rasgos culturais integradores defendidos por Benedict acabavam por estereotipar culturas com base em apenas algumas poucas pautas culturais.

---

[81] KOTTAK, Conrad Phillip. **Antropología. Una exploración de la diversidad humana con temas de cultura hispana.** Madrid: Mcgraw-Hill, 1995.

Margaret Mead[82] escreveu sua obra influenciada pelo paradigma configuracionista e também por Boas. Uma das principais aportações de Boas ao esquema de Mead é a grande influência da cultura sobre a biologia. No caso do livro sobre a adolescência em Samoa, onde Mead compara tal fase da vida das samoanas com suas homólogas norte-americanas, pretende demonstrar que adolescência não necessariamente é uma fase atribulada ou complicada como parece ser na cultura ocidental. Ou seja, Mead também defendia que existiam condicionantes culturais capazes de influenciar outras pautas da cultura como a fase da adolescência.

O trabalho de Mead tentava decifrar os sentimentos e emoções das meninas samoanas desde o início da puberdade até o casamento. Mead foi uma das defensoras das diferenças presentes no estudo da cultura e das ciências físicas. Comparava-se ela mesma ao médico e ao psiquiatra que diagnosticavam com base em cada caso e história de vida, servindo este caso, com todas suas vicissitudes, como base para uma futura tese. Mead também foi uma das primeiras a escrever claramente sobre o papel da cultura na atribuição de papéis aos gêneros. Comparando três culturas buscou verificar como variava o comportamento em função do sexo em cada uma delas.[83] A mencionada obra, *Sex and temperament in three primitive societies*[84] foi uma das primeiras a ressonar no público defensor dos direitos das mulheres. Ao demonstrar a total diferença de papéis exercidos por homens e mulheres nos três diferentes grupos estudados, Mead cumpre com

---

[82] MEAD, Margaret. **Adoescencia, sexo y cultura en Samoa**. Barcelona : Planeta-Agostini, 1985

[83] HARRIS, 1996.

[84] MEAD, Margaret. **Sexo y temperamento en las sociedades primitivas**. Barcelona: Laia, 1973.

a agenda Boasiana para reforçar o papel da cultura na atribuição de papéis aos sexos.[85]

Uma das conclusões a que chegou é que o conhecimento de uma ampla gama de possibilidades de enculturação poderia levar a que as sociedades produzissem mudanças culturais modificativas das pautas até então estabelecidas. Ademais, Mead via tal possibilidade como uma solução ao determinismo cultural.

A afirmação das teorias de Sigmund Freud provocou uma grande mudança nos estudos de Antropologia Cultural, principalmente com relação aos integrantes e simpatizantes da corrente de pensamento da cultura e personalidade. Algumas obras de Freud influenciariam por muitos anos a muitos antropólogos como, por exemplo: Totem e Tabú, O futuro de uma ilusão e o Mal-estar da Cultura[86]. Destaque-se, também, a grande quantidade de autores (Kroeber) para os quais a obra de Freud provocou críticas o que, nem por isso, deixa de ser importante para a teoria antropológica.

Outros autores também influenciaram e compuseram o espectro teórico de Cultura e Personalidade como, por exemplo, Abram Kardiner[87]. Este autor foi uma das figuras centrais das investigações antropológico-psicológicas. Kardiner desenvolveu um esquema que buscava a identificação das reações humanas a algumas realidades da vida. Defendia Kardiner serem os fatores possíveis de condicionar a personalidade bastante mais numerosos e, também, distintos daqueles outrora elencados por Freud.

---

[85]CALVO BUEZAS, Tomás y BARBOLLA CAMARERO, Domingo. **Antropología: Teorías de la Cultura, métodos y técnicas.** Badajoz: Abecedario, 2006
[86] Idem. CALVO BUEZAS
[87] KARDINER, Abram. **El individuo y su sociedad : la psicodinámica de la organización social primitiva. México:** Fondo de Cultura Economica, 1945.

Kardiner faz uma interpretação da religião como sistema projetivo o qual poderia ser utilizado para integrar outras atitudes individuais dentro de um maior panorama social. Além disso, defendia, também, de maneira bastante similar a Benedict, o conceito de personalidade básica de cada sociedade, sobre a qual se construiriam e desenvolveriam as personalidades individuais com uma ampla variedade de formas e até mesmo casos de inadaptação. A ideia da personalidade básica é deveras semelhante ao conceito, proposto por Benedict, de pautas de culturas estruturantes de determinada cultura como os apolíneos e dionisíacos.

Ademais, Kardiner também apresentou o conceito de instituições primárias e secundárias. As instituições primárias seriam aquelas mais estáveis e menos suscetíveis a variações seja em razão do ambiente, seja em razão do clima. Poder-se-ia apontar como instituições primárias na visão de Kardiner a família, por exemplo. As instituições secundárias, a seu turno, seriam aquelas destinadas a mitigar as tensões criadas pelas instituições primárias como, por exemplo, a religião e a ideologia.

A importância da contribuição de Kardiner está no fato de que provavelmente é o intento mais sério e profícuo de explicar as questões mágico-religiosas. A partir da consideração da relação do indivíduo com as instituições primárias e secundárias seria possível prever sua personalidade. No entanto, um dos grandes problemas de Kardiner é jamais haver determinado de alguma maneira como nascem e tomam forma as instituições primárias, deixando a cargo apenas da história tal tarefa[88].

Por fim, ainda que restem muitos outros antropólogos com interessantes contribuições no campo da cultura e da

---

[88] HARRIS, 1996.

personalidade, caberia citar Ralph Linton. Talvez Linton tenha sido um dos que, junto com Kardiner, ampliou as fronteiras do campo da cultura e da personalidade, criando novos paradigmas. Linton conceituou a cultura como a *"herencia social íntegra de la humanidad*[89]*"*, ou seja, um comportamento que é acumulado e transmitido. Linton também foi pioneiro no que toca à interdisciplinariedade ou multidisciplinariedade das ciências sociais, integrando estudos de psicologia, sociologia e antropologia.

Linton também defendeu a noção de comportamento base de um determinado grupo humano. No entanto, Linton não é tão radical como Ruth Benedict, cedendo mais espaço às variações possíveis nas personalidades dos indivíduos, ainda que no bojo de determinado comportamento base. Embora exista a influência de um comportamento modal, este não condiciona exatamente as personalidades que serão formadas em determinado contexto, já que as possibilidades de interação e retroalimentação entre comportamento base e personalidade são praticamente ilimitadas.

---

[89] LINTON, Ralph. **Estudio del Hombre**. México: Fondo de Cultura Económica: 1972. p. 90

10 A ESCOLA SOCIOLÓGICA FRANCESA

A escola sociológica francesa tem Emile Durkheim como seu principal expoente. Durkheim acaba por influenciar através de seu sobrinho e discípulo, Marcel Mauss, várias gerações de cientistas sociais franceses. Cabe destacar, Marvin Harris sinaliza, e não sem razão, que os franceses sempre entenderam por antropologia somente a antropologia física[90]. Ou seja, ainda que com o nome de escola sociológica, a devemos entender como escola das ciências sociais.

Um dos pilares da escola sociológica francesa e também um dos bastiões de Durkheim é fugir do reducionismo biológico ou psicológico para explicar os fenômenos sociais. Deve-se entender os fenômenos sociais como "fatos sociais" e explicá-los através de uma ciência própria, a sociologia. Os "fatos sociais" seriam

---

[90] HARRIS, 1996.

sempre externos ao indivíduo e possuem capacidade de influência e coerção sobre ele[91].

Tal inclinação de Durkheim o faz negar o racismo e as explicações dos fatos sociais a partir de certa espécie de determinismo racial. Concordar com o determinismo racial tornaria inútil uma ciência sociológica e, para Durkheim, pressupunha uma evasão aos problemas sociais[92].

Para Espina Barrio[93], o trabalho de Durkheim e Mauss é uma importante fonte de influência para Lévi-Strauss e a construção de sua teoria. Para o mencionado autor, é clara a influência do ponto de vista sociológico na obra de Lévi-Strauss o qual escreveu, inclusive, um artigo para destacar a importância de Durkheim para a etnologia.

Em dito artigo, Lévi-Strauss[94] ressalta os serviços prestados por Durkheim à etnologia. Ainda que Durkheim tenha começado a tratar a etnografia com certo desdém e desconfiança, aos poucos, estudando grandes autores que realizaram trabalhos de campo, passou a respeitá-la e utilizá-la como apoio em suas pesquisas. Durkheim também rechaçou o uso dos dados etnográficos como valiosos pela estranheza ou raridades dos comportamentos ou sociedades descritas. Tampouco concordava com a existência de um "banco de dados" de descrições etnográficas para serem astutamente pinçadas conforme o interesse em apoiar alguma especulação sobre a evolução humana. Durkheim valorava cada experiência etnográfica em si mesma e capaz de desvendar algum tipo de verdade geral. Segundo Lévi-Strauss, no livro *"Las formas elementales de la vida religiosa"* Durkheim utilizou com critério e

[91]BARFIELD, Thomas. (Ed.) **Diccionário de Antropología**. Barcelona: Bellaterra: 2000.
[92] HARRIS, 1996.
[93] ESPINA BARRIO, 2005.
[94]LÉVI-STRAUSS, Claude. **Antropología Estructural: mito, sociedad, humanidades**. Madrid: Siglo XXI, 2009.

cuidado as observações etnográficas trazendo-as, assim, ao miolo da sociedade científica[95].

Durkheim chegou a atribuir aos fatos sociais uma existência autônoma e os reconhecia a partir de seu poder coercitivo, isto é, a prova definitiva sobre a natureza de algo como fato social seria sua capacidade de coerção. Para Harris[96], essa concepção metafísica dos fatos sociais é exagerada e o próprio Durkheim admitiria a existência de algumas pautas de condutas aprendidas e não captada dos fenômenos sociais. Durkheim também acreditava na existência de uma "alma coletiva" que encarnaria nos indivíduos, uma clara alusão à Hegel e Comte[97].

Essa consciência coletiva é distinta da consciência dos indivíduos pelos quais está composta. Tampouco se trata de uma soma pura e simples das consciências. Os indivíduos são assim estudados como elementos de algo superior, um sistema mais amplo, com papéis sociais e status, perpetuados através da enculturação. Esse seria, para Durkheim, o objeto de estudo dos antropólogos[98].

Durkheim teve diversas obras importantes para a sociologia e a antropologia. O livro chamado *"Lecciones de Sociología"* começa com seus três primeiros capítulos destacando a moral profissional e algumas questões sobre a organização social a partir de ofícios. Portanto, para ilustrar as perspectivas da Escola Sociológica Francesa, analisaremos outro fundamental texto de Durkheim: *"As regras do método sociológico"*. E, não podemos deixar de analisar o sobrinho e discípulo de Durkheim, Marcel Mauss, e seu texto

---

[95] Idem.
[96] HARRIS, 1996.
[97] HARRIS, 1996.
[98] KOTTAK, 1995.

"Dones y Devolución" também importante para a influência exercida pela escola sociológica francesa.

Nas *"Reglas del Método Sociológico*[99]*"* Durkheim procura resumir suas obras anteriores e estabelecer os parâmetros para a ciência sociológica. O autor busca destacar como se deve buscar a explicação para a existência de pautas sociais. Durkheim ressalta, na esteira de Tylor, existirem costumes sobreviventes, isto é, que existem sem um fim específico, como mera reminiscência de tempos anteriores e que permanece em razão da inércia dos hábitos. Ainda, ressalta serem os órgãos independentes da função que exercem, sendo possível o mesmo órgão (seja ele social ou biológico) realizar funções distintas.

Neste sentido, afirma o autor que, para explicar um fato social, é necessário investigar separadamente a causa que o produz e o efeito por ele cumprido. Mesmo assim, afirma ser a existência dos fatos sociais independente dos resultados que por ele são produzidos. Por isso, um fato social não é "criado" a partir da antecipação feita de seu resultado esperado e sim como forma de manter a causa da qual deriva. Parece estar claro para Durkheim ser necessária a utilidade de um fato social para a manutenção deste. Do contrário, se gerasse mais esforços que benefícios, seria eliminado ou tornaria muito difícil a vida social.

Durkheim advoga pela eliminação do componente individual na explicação dos fatos sociais. A própria natureza da sociedade deve ser capaz de fornecer elementos explicativos para os fatos sociais. A pressão exercida sobre os indivíduos, em maior ou menor grau, é o signo distintivo da sociedade. Conclui-se então, ser a sociedade algo mais que a simples soma dos indivíduos dos quais está formada. Forma-se, a partir daí, uma nova realidade

---

[99] DURKHEIM, Emile. **Las reglas del método sociológico.** Madrid: Akal, 1987.

psicológica, de cunho coletivo, uma verdadeira "individualidade coletiva" onde se deve buscar a explicação dos fatos sociais.

A "individualidade coletiva" a que se refere Durkheim não é contraditória ou sem sentido. Por individualidade coletiva devemos entender a consciência única formada por uma coletividade determinada. Essa consciência é, a sua vez, distinta dos indivíduos que a compõem e diferente de outras consciências coletivas formadas por outros agregados de indivíduos. Essa "individualidade coletiva" é, portanto, uma consciência coletiva perfeitamente possível de individualizar e distinguir das demais.

Ainda, Durkheim repisa a questão de não associar os fatos sociais com fatores psicológicos. Para ele, não se pode explicar a família e o matrimônio, por exemplo, por uma tendência natural de afeição presente no ser humano. Para o autor, o segundo é consequência dos primeiros e não ao revés. Para corroborar seu argumento, ressalta a imensa variedade de distintas formas de parentesco e organização familiar existentes.

O autor também foi importante no seu rechaço ao racismo. Durkheim foi peremptório ao dizer que nenhum fenômeno social poderia ser creditado às diferenças raciais. E, acrescenta que, em sociedades de mesma raça se podem encontrar diferentes tipos de costumes e organizações enquanto que o contrário também é verdadeiro para raças distintas.

A partir de tais premissas, Durkheim formula duas proposições para o estudo sociológico. A primeira delas é que as causas determinantes dos fatos sociais devem ser buscadas nos fatos sociais antecedentes e não nas consciências individuais. A seguinte é de que a função de um fato social deve ser buscada na relação com seu fim social.

Por outro lado, a condição primeira dos fatos sociais, para Durkheim, é a forma de associação das partes que compõem esse grupo maior denominado sociedade. Desta feita, para o sociólogo, incumbiria a tarefa de descobrir, no meio social, formados por indivíduos, coletivos e coisas, os processos capazes de alterar a ordem dos fatos sociais.

Durkheim cita especificamente o caso das corporações profissionais para ilustrar a importância exercida por tais coletivos com relação ao todo social. No caso das corporações profissionais, estas podem ter sua importância mais ou menos estendida conforme a profissão esteja mais ou menos regulada. A força da constituição de cada corporação profissional (circunstância que, ao que se depreende, poderia ser extrapolada a outros grupos sociais como a família, por exemplo) determinará a intensidade de sua influência no conjunto total e também a quantidade de influências recebidas deste.

Para o autor a pressão e o controle sociais exercidos sobre o indivíduo não podem ser considerados como fatos naturais e criados pelo mesmo indivíduo. A sociedade está destinada a exercer coações sobre o indivíduo e impedir-lhe de produzir ações antissociais. O indivíduo viveria em um estado natural de dependência e inferioridade mitigado pela vida em sociedade. Por isso, tem interesse na vida social e realizará pequenos sacrifícios diários da vontade individual para poder seguir vivendo em sociedade.

Durkheim, como já mencionado, possui diversas outras obras de relevo, duas das quais serão abordadas posteriormente neste estudo dada a sua especificidade com relação ao tema do trabalho. São notáveis, no entanto, as influências recebidas de Durkheim, principalmente de Spencer e Comte. Ambos recebem diversas críticas e discordâncias de Durkheim. Contudo, acredita-se ser este o caminho correto para o progresso da ciência, a tese, a antítese e a síntese e assim sucessivamente. Para ilustrar a Escola Sociológica Francesa mencionaremos um dos seguidores de Durkheim, Marcel Mauss.

Marcel Mauss teve o valor de escrever sobre um tema cotidiano e sobre o qual muitos de nós já provavelmente refletimos. Se trata da questão dos presentes e da obrigação de recebê-los e devolvê-los, além de toda uma série de costumes sociais originadas em tal prática. Aliás, a prática de dar e devolver presentes acaba por gerar ao redor de si uma série de outros costumes ou práticas sociais acessórias. Por vezes, o dar e devolver presentes é apenas o início ou a desculpa para outras atividades como o comércio ou a política.

O texto em comento é o *"Ensayo sobre los dones. Razón y forma del cambio en las sociedades primitivas*[100]*"* de Marcel Mauss publicado pela primeira vez em 1923 na *Anné Sociologique*. Mauss começa com a constatação de que, na cultura escandinava, sob a aparente forma livre e desinteressada, esconde-se uma verdadeira obrigatoriedade de dar e devolver presentes para tornar efetivos os contratos e as trocas. Há, para ele, obrigação e interesse econômico em tais prestações.

Por outro lado, o autor ressalta ser comum nas sociedades primitivas a assunção de obrigações e a satisfação das mesmas de forma coletiva. Não são os indivíduos que intercambiam bens ou celebram contratos e sim as coletividades, representadas pelo chefe de ditas coletividades. Neste sistema, chamado por Mauss de *sistema de prestações totais*, há um intercâmbio não só de bens ou riquezas, mas também de matrimônios, festas, rituais, serviços militares, feiras e são rigorosamente obrigatórias. Nesta categoria

---

[100] MAUSS, Marcel. **Antropología y Sociología**. Madrid: Tecnos, 1971.

de prestações totais também se inclui o *potlach* onde toda a tribo ou clã celebra o *potlach* por tudo que possui buscando eclipsar a tribo ou clã vizinha e associada na troca de bens.

Mauss diz que os primeiros contratos e obrigações de reciprocidade da humanidade foram com os espíritos dos mortos e os deuses. Os sacrifícios e doações realizadas aos deuses são uma forma de presente que deverá ser necessariamente devolvido respeitando a regra da reciprocidade.

Mauss faz muitas referencias às experiências de outros antropólogos, a exemplo de Malinowsky e sua descrição sobre os sistema avançado de intercâmbio de bens encontrado em Trobriand. Para Mauss, é a *"más neta, completa y consciente y por otro lado más fácil de entender para el observador que la que Malinowski ha encontrado en Trobriand.*[101]*"* Segundo ele, todo o entorno das sociedades praticantes do *kula* é invadido pela prática nos aspectos econômico, tribal e moral dos habitantes de Trobriand.

Em outra passagem de seu texto, Mauss atribui aos bens trocados um caráter mítico e imaginário, assemelhando-se às considerações de Frazer quando fala da magia de contato ou homeopática. Acredita Mauss que os bens trocados não se desprendem de seus antigos donos e de certa maneira exercem influência sobre o novo proprietário, criando a obrigação do recebedor para com o doador.

O sistema de doações e devoluções revela, também, notável interesse jurídico. Mauss constata algo bastante verdadeiro: a pouca preocupação dos juristas com práticas como a de dar presentes e os reflexos de tal prática na sociedade e no mundo jurídico. Para o mencionado autor o doar um presente introduz

---

[101] MAUSS, 1971. p. 187

duas noções jurídicas importantes. A primeira delas é a noção de crédito, isto é, ao dar um presente e este ser aceito o doador credita-se por algo semelhante. A segunda noção é a de prazo diferido para o pagamento. O crédito será satisfeito quando exista a oportunidade.

O sistema de intercâmbio de presentes supõe a dilação no tempo e a ausência de uma ambição imediata em satisfazer o crédito sob pena da desonra daquele ambicioso imediatista. Para Mauss, inclusive, os contratos evoluíram apenas para encurtar o espaço temporal entre o dar e receber, a compra e venda torna imediata e mais materialista uma prática outrora bastante ritualizada.

Citando os *Kwakiutl*, Mauss fala das três obrigações daqueles envolvidos nas práticas de intercâmbio de presentes ou nos rituais de *potlach*, são elas: dar, receber e devolver. A obrigação de receber pode parecer a de mais fácil cumprimento mas não é tão simples. Não há a possibilidade de rechaçar o presente recebido. O rechaço é quase como a não devolução. Entenderiam os *Kwakiutl* que a negativa em receber deve-se ao medo da obrigação de devolução. Por isso, a recusa em receber é tão vergonhosa como não devolver o presente recebido ou não devolvê-lo à altura.

Após haver analisado diversas formas de intercâmbio de bens e rituais em sociedades consideradas por ele como primitivas, conclui que aqueles praticantes do intercâmbio estariam em uma fase intermediária entre outras duas. A sociedade que prática o sistema de intercâmbio, já teria superado a fase de prestações totais (obrigação de todo um clã ou toda uma tribo para com outro clã ou outra tribo determinada). De outro lado, tal sociedade ainda não chegou ao sistema de contrato individual e de circulação pura e simples de dinheiro e mercadorias.

Mauss também analisa o direito romano (em uma fase que denomina antiquíssimo) para verificar como era a tradição do intercâmbio de presentes e rituais entre estes. O autor refere que as coisas dadas se revestem de um caráter espiritual e assim seria a origem das arras, algo mais que uma simples antecipação do preço, estabelecem uma ligação entre as partes. Da mesma maneira, o conceito romano de família o qual compreende as coisas (res) e as pessoas da casa.

É bastante interessante a proposta de origem da palavra réu feita por Mauss. O *reus* é o que contrata, o que recebeu a *res* de outro e, por isso, fica vinculado à ela (em outro sentido, possuído por ela). A derivação da palavra caminharia no sentido de que o *reus* é aquele individuo implicado no negócio causado pela coisa e, mais modernamente, o culpável ou responsável. Ao receber alguma coisa, o indivíduo que a recebe torna-se um quase culpado, inferior espiritualmente com relação ao que a deu e dependerá do pagamento para liberar-se da obrigação e da culpabilidade.

Já ingressando nas conclusões, Mauss sente-se aliviado ao constatar que, felizmente, nem tudo está por nós classificado em termos de valores monetários. Persistem, todavia nas sociedades modernas, algumas coisas com valores sentimentais e a moral que orienta os costumes. Por outro lado, também, a própria caridade de hoje, fere aquele que a aceita e a sua moral concentra esforços em evitar a injuriosa esmola[102]. Há uma moral distinta, segundo o autor, no caso dos industriais e comerciantes no intuito de seguir as coisas que produziram e de ver que o resultado de seu trabalho é revendido sem nenhum benefício para eles.

---

[102] MAUSS, 1971. p. 246

Mauss aponta especialmente as profissões liberais como guardiãs de uma moral elevada e de um alto grau de solidariedade corporativa que são também favoráveis às necessidades do trabalho. Ao mesmo estilo que Durkheim, as questões dos trabalhadores, ocupavam a pauta de Mauss. Ao referir-se aos sindicatos, o autor comenta que tais entidades pregam advogar pelo interesse geral tanto quanto pelo interesse individual dos seus associados, no entanto, parece que são belas metáforas e que na verdade as entidades possuem preocupações mais simples como o recebimento regular do pagamento pelo trabalho.

O autor reputa como fato central para a evolução a estabilização das relações no seio dos grupos sociais. O dar, receber e devolver foi crucial no aprendizado de intercâmbio de bens e satisfação de interesses sem o necessário recurso às armas.

Por fim, Mauss argumenta que a Antropologia Social, a Sociologia e a História ensinam como "caminha" o pensamento humano. Conhecer-nos a nós mesmos é uma das formas de melhorar.

Cabe destacar que Mauss foi autor de outros inúmeros textos que ajudaram a conformar a Escola Sociológica Francesa e influenciar muitos pesquisadores contemporâneos e posteriores. Está clara a importância desta escola no desenvolvimento da teoria antropológica, principalmente defendendo a validade de experiências únicas provenientes do trabalho de campo, bem como câmbios de paradigmas com relação à observações de fatos totais. De fatos que não possuem um só aspecto, são ao mesmo tempo importantes no público e no privado, são à vez econômicos e religiosos, políticos e domésticos. Tudo isso afasta nosso afã de tentar reduzir os fatos para estudá-los, podendo existir grande valor na compreensão deste tipo de fatos totais, dos quais um dos exemplos é o *potlach*. Precisamente aqui reside um dos logros de Mauss, aprofundar na análise de fatos como o *kula* com um olhar distinto, podendo retirar da bem sucedida experiência de Malinowski, mais proveitos para a ciência antropológica

11 O FUNCIONALISMO

A explicação dos fatos de interesse antropológico não pode ser definida apenas pelo papel desempenhado mas sim pela sua relação e importância dentro do sistema social considerado como um todo. Malinowski teve o valor de buscar a função desempenhada por aparentes extravagantes ou tradições sem sentido que eram chamadas simplesmente de "costumes selvagens". A visão de que os mais complexos rituais ou estranhos costumes cumprem, ainda assim, um papel relevante naquele sistema social, tornou-se lugar comum da antropologia após as contribuições de Malinowski. A *covada*[103], por exemplo, deixava de ser uma excentricidade para ser um ato que destacava as obrigações do pai para com o filho.

A obra de Malinowski é cheia de bons exemplos e valiosas contribuições para a Antropologia. No entanto, neste ponto,

---

[103] Costume no qual, logo após dar a luz, a mãe retoma suas atividades normais e o pai se queda no leito com o recém-nascido sendo atendido pela esposa que acaba de dar à luz. Tal costume é associado com algumas regiões da Provincia de León, como a *Maragatería*.

utilizaremos sua obra-prima, em nosso entender, como exemplo do funcionalismo e do trabalho de campo etnográfico. Em outras partes do texto utilizaremos outras obras suas, já que Malinowski também foi um dos antropólogos preocupados com o estudo da lei e do direito de outros povos bem como nas definições sobre estes aspectos oferecidas por outras culturas. O livro "Os Argonautas do Pacífico Ocidental[104]" descreve a vida do autor na Melanésia, na ilhas Trobriand, um arquipélago ao norte da ponta mais oriental do que hoje conhecemos como Papua-Nova Guiné.

Na introdução da obra, Malinowski parece descrever um tratado de metodologia etnográfica. De fato, o autor explicita os princípios e métodos que, para ele, são fundamentais para a realização do trabalho de campo em antropologia. Uma das primeiras afirmações do autor é sobre a necessidade de especificar com detalhe as condições do trabalho de campo. Compara, o autor, o trabalho de campo etnográfico com trabalhos experimentais no campo das ciências exatas onde é necessário descrever minuciosamente as condições do experimento levado à cabo. Além disso, Malinowski ressalta a necessidade de que se possa diferenciar, no relato, as descrições, os aportes do indígena e as deduções do autor do texto. Diminuir a distância entre os dados concretos e as teorizações e deduções é a principal missão do etnólogo para Malinowski.

Para Malinowski, depois de descrever alguns princípios básicos do trabalho de campo, semelhantes aos que propõe Espina Barrio[105] no seu decálogo do investigador de campo, existe um ideal fundamental do trabalho de campo. Tal ideal é *"dar un esquema claro y coerente de la estructura social y destacar, de entre el cúmulo*

---

[104] MALINOWSKI, Bronislaw. Los argonautas del Pacífico Occidental. Barcelona: Península, 1973.
[105] ESPINA BARRIO, 2005.

de hechos irrelevantes, las leyes y normas que todo fenómeno cultural conlleva.[106]"

Malinowski também afirma existir diversos fenômenos que não podem ser apreendidos com interrogatórios ou análise de documentos. Para esta classe de fenômenos, somente a observação direta pode revelar seus aspectos mais interessantes. Cita como exemplo as sobrevivências, conceito consagrado por Tylor[107] e já por nós referido anteriormente. As sobrevivências, para Malinowski, residem principalmente nos aspectos acessórios de cada comportamento. Assim, o etnólogo deve empenhar-se em fazer com que os fatos falem por si mesmos. Quando acompanha uma cerimônia, por exemplo, tão importante quanto a cerimônia em si são as ações dos atores e dos espectadores. Para este tipo de trabalho, Malinowski anuncia a necessidade do que depois ficou conhecido como observação participante, ou seja, que o pesquisador abandone a câmera, o caderno e o lápis para intervir no acontecimento.

Por outro lado, Malinowski define que captar os pensamentos, impressões e experiências pessoais dos indivíduos somente interessa para antropologia sobre o que sentem e pensam tais indivíduos enquanto membros daquela comunidade estudada. Além disso, o autor anuncia as dificuldades da tradução de expressões para dar uma ideia fiel daquilo que foi dito. Para ele, as declarações de importância devem ser sempre citadas *ipsis litteris*, justamente pelas dificuldades encontradas na tradução para expressar esses momentos de importância. Seguir os postulados enumerados pelo autor, para ele, possibilitar captar o mundo segundo o ponto de vista do indígena, sua posição e sua visão de mundo.

---

[106] MALINOWSKI, 1973 (Argonautas) p. 28
[107] TYLOR, 1977.

A partir de então, a obra passa a dedicar-se ao trabalho monumental, um dos mais significativos do século XX, que foi a descrição e "descoberta" do *Kula* enquanto sistema ritual de intercâmbios. Para chegar a uma descrição fiel do *Kula*, Malinowski descreve vários aspectos secundários (com relação ao *Kula*) e que tocam pontos importantes da vida indígena. A descrição, segundo destaca o próprio autor, se apresenta desde o ponto de vista trobriandês. O distrito do *Kula* compreende várias ilhas e cobre uma área bastante extensa. Malinowski refere alguns distritos e desde logo não limita o *Kula* a estes. O *Kula* se dava nas ilhas Trobriand, nas Amphlett, nas Woodlark (Murua), nas Samarai, na Ilha de Dobu e também na costa sul da Nova Guiné. As comunidades do *Kula* são assim divididas entre aquelas que realizam expedições independentes e possuem limites máximos de associação para todos seus membros.

O *Kula*, para o autor, parece ser uma nova classe de fato etnológico até então desconhecido, daí a justificativa do termo descoberta utilizado no parágrafo anterior. O intercâmbio do *Kula* é algo novo, na medida em que é um intercâmbio de objetos, capaz de provocar um desejo competitivo e conceder prestígio e distinção social. Os objetos valiosos integrantes do *Kula* (*vaygu'a*) nunca são utilizados como moeda de troca para transações comerciais. Possuir um *vaygu'a* é em si mesmo um objetivo que reconforta e concede prestígio ao possuidor.

Malinowski define o *Kula* como um tipo de intercâmbio tribal de grande envergadura executado por comunidades que ocupam um amplo círculo de ilhas e constituem um circuito fechado. Neste circuito circulam, com exclusividade, dois produtos, sem cessar e em sentidos contrários. No sentido horário circulam longos colares de conchas vermelhas chamados de *soulava*. No sentido anti-horário circulam braceletes de conchas brancas chamados *mwali*. Todos os movimentos e as transações são determinados por uma série de normas, convenções e tradições. Uma destas normas é a de que "uma vez no *Kula*, sempre no *Kula*", seja com respeito aos participantes ou seja com relação aos próprios objetos. A associação entre indivíduos que intercambiam os artefatos permanece por toda a vida.

Em conjunto com as cerimônias e intercâmbios do *Kula* uma série de outras transações é efetuada, em momentos distintos e sem a mesma grandeza ritual, mas aproveitando a viagem e a visita são negociados, importados e exportados produtos de uma comunidade à outra. Segundo Malinowski, os próprios indígenas não tem noção do *Kula* como instituição de maneira que somente podem apreciar uma parte dele e são incapazes de ver o todo.

Trata-se, o *Kula*, de uma ampla rede de relações intertribais impulsionada por um interesse comum no intercâmbio de braceletes e com diversas outras relações secundárias. Malinowski adverte que o *Kula* realmente é o centro da atuação dos indígenas, por ele se fixam as datas das festividades e se realizam expedições. O comércio intertribal é apenas secundário com relação ao *Kula*.

A relação entre dois associados no *Kula* é como a de dois amigos que se devem respeito e reciprocidade. O tipo de presente que deve ser dado por um a outro vem determinado pelas posições geográficas da residência de cada um. Assim, cada artigo somente anda em uma mesma direção e demora aproximadamente dez anos em dar uma volta completa. Nenhum dos presentes recebidos pode ser retido por muito tempo e deve retornar ao círculo. As conversas sobre a origem do artigo recebido e as intenções sobre para quem doar-lhe são um dos temas preferidos de conversação, segundo Malinowski.

Outro dos princípios do *Kula* é o equilíbrio e equitatividade nas relações. Em outras palavras, um presente de colar deve ser retribuído com um bracelete equivalente. A competição é sobre quem é o doador mais generoso. Quem recebe um presente notavelmente inferior ao doado anteriormente se vangloria de sua grande generosidade face à mesquinhez do associado. A generosidade no *Kula* atrai um grande número de proposições comerciais e de associação.

Importante destacar que no *Kula* não pode existir nenhuma espécie de pechincha sobre os objetos. Quem determina o que dará é o doador e toda oferta exige ser correspondida após algum tempo por outra similar. Aquele que recebe um presente valioso (*vaygu'a*) e não tem condições de retribuir de maneira equivalente em um futuro próximo faz doações de presentes intermediários conhecidos como *basi*.

Malinowski dedicou também várias linhas ao tema da organização e divisão social do trabalho entre os trobriandeses. Os esforços são organizados e dirigidos por algum tipo de autoridade, principalmente nas atividades mais complexas como a construção de canoas. A organização do trabalho está fundamentada em dois fatos principais, a diferenciação de funções e a regulamentação mágica do trabalho.

De outra banda, Malinowski afirma que a ganância imediata nunca é motivação suficiente para o trabalho dos indígenas. A divisão de tarefas está enraizada na própria estrutura social, existem os proprietários da canoa, outros tomavam parte no trabalho como serviço ao chefe local, outros iriam obter benefícios posteriores com o uso da canoa e outros deveriam ser remunerados. De acordo com Malinowski o que impele os indivíduos a cumprirem com seu dever é a tradição segundo sua posição e para manutenção de seu *status quo*. A simplista afirmação de que o "direito é a força" não teria aplicação para a sociedade trobriandesa.

Um dos aspectos observados por Malinowski é a divisão do trabalho entre homens e mulheres. As mulheres possuem parte do trabalho de agricultura sob seu controle e este controle é considerado mais um privilégio que um dever. Destaque-se que os indígenas segundo a descrição de Malinowski, dedicam a metade do tempo laboral ao cultivo horticultor e muito dos seus interesses e ambições giram em torno a tal atividade. Além disso, os indígenas trobriandeses levam o orgulho profissional muito a sério e são realizadas muitas tarefas pouco úteis, com finalidade puramente ornamental nas hortas e campos de cultivo.

Antes de que sejam iniciados os trabalhos da horticultura os campos são consagrados em um ritual mágico levado a cabo pelo "mago das hortas", um personagem de poder e prestígio que realiza rituais prévios a cada nova fase de trabalho e de desenvolvimento das plantas. O mago também é responsável pelo controle do trabalho, marcando o ritmo através dos rituais mágicos. As considerações sobre o trabalho indígena nas hortas, principalmente sobre sua preocupação com o aspecto ornamental e com a magia foram utilizadas por Malinowski para refutar a concepção materialista da história que aponta o homem primitivo como movido por motivos puramente econômicos e visando a benefícios imediatos. Os exemplos trobriandeses, para Malinowski, entre muitos outros, servem para refutar tão falaz teoria.

O horticultor trobriandês obtém prestígio em razão de sua capacidade de trabalho e recebe o título de *tokwaybagula*, com significado de "bom/eficiente horticultor". Ademais, quase todo o fruto do trabalho pessoal se destina não ao próprio horticultor ou sua família (aqui entendida como sua esposa e seus filhos), mas sim aos seus aliados políticos, aproximadamente três quartos da produção são destinados ao chefe tribal e à família da irmã. Para Malinowski, todas estas evidências denotam a enorme diferença entre o homem primitivo de carne e osso e o "homem econômico" das deduções escolásticas de economia abstrata[108].

Malinowski oferece também uma distinção entre trabalho organizado e trabalho comunitário. O primeiro diz respeito ao trabalho feito a partir da cooperação entre diversos fatores sociais e econômicos. Já o segundo se trata apenas de diversas pessoas trabalhando conjuntamente em um esforço comum sem diferenciação hierárquica ou de funções. Nas hortas, por sua vez, existem diversas formas de trabalho comum segundo quem convoca a realização do trabalho e quem toma parte no mesmo.

Na realidade trobriandesa, alguns dos trabalhadores sempre remunerados pelo seu trabalho são os experts, técnicos na construção das canoas que dirigem o trabalho braçal dos demais. O especialista recebe uma oferenda inicial de alimentos e é alimentado com manjares durante todo o processo, caso necessite viver fora de sua casa durante a construção. Se mantém sua residência, o futuro proprietário da canoa realiza visitas periódicas com ofertas de alimentos e já fiscaliza a evolução do trabalho.

O autor Óscar Fernández[109], em sua obra sobre Malinowski, "A Antropologia e o Funcionalismo", destaca diversas contribuições originais daquele autor para as ciências sociais. Uma destas contribuições é no sentido de desprezar as relações entre o indivíduo e sua descendência, pois, para Malinowski, a ligação entre pais e filhos descansa principalmente sobre afetividade e emotividade e, por isso, o papel do indivíduo e suas características psicológicas ganham importância. Segundo Óscar Fernández,

---

[108] MALINOWSKI. Argonautas, 1973.
[109] FERNÁNDEZ ÁLVAREZ, Óscar. **Bronislaw Malinowski: La Antropología y el Funcionalismo.** León: Universidad, Secretariado de Publicaciones y Medios Audiovisuales, 2004.

Malinowski buscava desvincular a família nuclear das superestruturas, principalmente as de natureza jurídica.

A obra de Fernández também nos ajuda na compreensão de alguns conceitos desenvolvidos por Malinowski e que acabaram se tornando lugar comum das ciências sociais, explicadas muitas vezes sem a profundidade e o conhecimento como faz o professor Fernández. Um exemplo é a diferenciação entre *baloma* e *kosi* para os nativos de trobriand. *Baloma* seria a forma principal e mais perene da alma do defunto e *Kosi* é uma classe de alma mais complexa e não bem definida. *Kosi* é uma espécie de alma do defunto que soe vagar pelos lugares frequentados pelo morto nos dias que seguem à defunção. Sendo assim, *Baloma* é associada ao reflexo do indivíduo no espelho e *Kosi* associada a sua sombra. Outra das crenças sobrenaturais dos trobriandeses é sobre a fecundação. Para eles, a gravidez é sempre consequência de um espírito que abandonou o mundo dos mortos para voltar ao mundo dos vivos e alojou-se no útero materno. Esse novo ser tem participação direta e fundamental de algum antepassado da mãe, o qual lhe trará a necessária força vital[110].

É importante destacar, como já dedicamos algumas linhas, as questões apontadas por Malinowski em relação à antropologia econômica. Reforça-se a proibição do regateio no *Kula* como uma das suas principais características. Malinowski também chegou a conclusões sobre o papel de cerimônias e festas na organização do trabalho. O trabalho com importância econômica, para Malinowski deve ser sustentado, repetido e planejado racionalmente. O autor também destacou a importância do totemismo como indutor de uma incipiente divisão do trabalho. As cerimônias e festas tinham um importante papel em propiciar um árduo trabalho dividido e organizado. Essas e outras

---

[110] FERNÁNDEZ ÁLVAREZ, 2004.

conclusões de Malinowski hoje parecem simplórias e óbvias, mas contribuíram enormemente na relativização das teorias evolucionistas[111].

Em sua análise econômica dos aspectos da família trobriandesa, Malinowski relacionava que a divisão do trabalho no seio da família estabelecia a unidade do grupo social. Tinha importância fundamental para o trabalho trobriandês a função do mago das hortas, que controlava os tempos de início do trabalho, fixava controles de qualidade e impunha tabus que acabavam por determinar formas de execução do trabalho. A atuação do mago das hortas contribuía grandemente para a efetividade e produtividade do trabalho horticultor. Malinowski também foi responsável pela análise dos valores de troca dos objetos e distinguir os objetos valiosos por seu uso ritual e os valiosos por seu valor prático[112].

Malinowski também destacou os problemas da tradução de expressões indígenas pelo uso distinto da língua que faziam os naturais de Trobriand. O autor se dá conta da ineficácia de uma tradução literal, palavra por palavra, para alcançar ao leitor inglês o mesmo significado pretendido pelos trobriandeses[113]. Malinowski adianta, também, um conceito que será recuperado na teoria antropológica décadas depois, como a interpretação fenomenológica, ou seja, a importância do contexto de fundo para a produção do significado linguístico.

Malinowski define a teoria das necessidades que, segundo ele, conduzem ao desenvolvimento da cultura. As necessidades orgânicas, obrigam a comunidade a realizar atividades organizadas. Nesse sentido, as regularidades das culturas como a

---

[111] FERNÁNDEZ ÁLVAREZ, 2004.
[112] FERNÁNDEZ ÁLVAREZ, 2004.
[113] FERNÁNDEZ ÁLVAREZ, 2004.

religião e a lei podem ser concluídas como resultado de necessidades profundas. Por isso, a definição de função pode ser dada como a satisfação de necessidades por meio de uma atividade na qual os seres humanos cooperam. Neste aspecto, um dos tipos de instituições referidos por Malinowski são as ocupações e profissões. Refere o autor que nas sociedades civilizadas existem diversos grupos organizados em torno a um interesse econômico e também associações profissionais no campo da medicina, do direito, ensino, sacerdócio etc[114].

Assim, é possível destacar alguns eixos centrais do funcionalismo de Malinowski. Primeiramente, destaca o caráter de patrimônio instrumental da cultura como forma de solucionar problemas para satisfazer necessidades; em segundo lugar, as atividades e objetos estão organizados ao redor de instituições sociais como a família, equipes organizadas para cooperação econômica e para atividades políticas, judiciais e educativas. Fernández assim conclui sobre a importância de Malinowski: *"aún cuando hoy la ciencia se incline por la segmentación en disciplinas especializadas ávidas de autonomía, la noción de totalidad sigue inspirando las obras más importantes de la época moderna (...)*[115]*"*.

Optamos por também mencionar, entre os funcionalistas, a Alfred Reginald Radcliffe-Brown, autor que exerceu um papel transitório entre funcionalismo e estruturalismo. A transição e a identificação dos autores com escolas determinadas não é tarefa fácil e, invariavelmente, recolhe componentes subjetivos daquele que realiza a classificação. A obra de Radcliffe-Brown que comentaremos se chama *"Estructura y función en la sociedad primitiva*[116]*"*. Na verdade, a obra se constitui de uma coleção de

---

[114] FERNÁNDEZ ÁLVAREZ, 2004.
[115] FERNÁNDEZ ÁLVAREZ, 2004. p. 103
[116] RADCLIFFE-BROWN, Alfred Reginald. **Estructura y Función en la Sociedad Primitiva**. Barcelona: Península, 1974.

ensaios de Radcliffe-Brown reunidos em sua homenagem por Evans-Pritchard e Fred Eggan, respectivamente, professores de Oxford e Chicago.

Uma das primeiras advertências do autor consiste em diferenciar a explicação histórica de uma instituição da sua compreensão teórica. Se a pergunta é por que existe determinada instituição, o autor aponta que o correto seria uma exposição histórica da sua origem, demonstrando a cadeia fática que conduziu àquela formação. Ao estudarmos povos sobre os quais não dispomos de informes históricos, muitas vezes realizamos conjeturas e hipóteses no sentido de explicar certas instituições. No entanto, essa segunda atividade é substancialmente diferente da primeira.

Para Radcliffe-Brown o material de estudo dedica-se à observação, descrição, comparação e classificação não de uma entidade ou instituição, mas sim ao processo social como um todo. E tal processo social deve ser limitado a determinado lugar e tempo. Ao observar o processo, poderá identificar certas regularidades de maneira a reconstruir, ao leitor posterior, os rasgos gerais daquela sociedade. Radcliffe-Brown concebe a antropologia como o estudo teórico comparativo entre os povos primitivos.

O sentido de processo adotado por Radcliffe-Brown também aplicado aos termos cultura e tradição cultural. Segundo o autor, a cultura é uma forma de vida social transmitida mediante alguns processos de tradição cultural de uma geração à outra. Essa transmissão de formas de pensar, sentir e atuar é considerada pelo autor como um processo cultural e diferencia a espécie humana das demais espécies do planeta.

Radcliffe-Brown também revela suas influências, principalmente de Montesquieu e de Comte. O autor destaca o conceito de sistema social proposto por Montesquieu segundo o qual existem relações de interdependência e interconexão entre as diversas partes e rasgos sociais. Essa mesma interconexão foi chamada por Comte de relações de solidariedade entre os rasgos sociais. E, acrescentamos, também foi utilizada por Durkheim na explicação das solidariedades mecânica e orgânica. O autor também se reporta a Spencer para dizer que o conceito de adaptação estará presente na sua análise ao considerar que o sistema social só funcionará se estiver adaptado interna e externamente de maneira eficaz.

Em seguida, Radcliffe-Brown nos proporciona seu conceito de estrutura que seria *"una disposición ordenada de partes o componentes*[117]*"*. O autor também diz que a continuidade social, ou seja, a perpetuação de determinada estrutura é um dos principais problemas sociológicos. Segundo ele, as interações entre indivíduos e grupos sociais está determinada pela estrutura social.

Os três elementos de análise, processo, estrutura e função, seriam componentes de uma mesma teoria para possibilitar a compreensão dos sistemas sociais. O termo função, é, para o autor, utilizado para designar a relação entre processo e estrutura.

Outra importante constatação de Radcliffe-Brown, à qual nos filiamos, é de que a crítica puramente negativa não serve ao progresso da ciência. O único modo de rechaçar uma hipótese insatisfatória é encontrar outra melhor. O autor realiza esta constatação ao início de um ensaio sobre o irmão da mãe. Para o autor, também é impossível estudar determinada instituição sem estudar as demais instituições com as quais se relaciona e coexiste.

---

[117] RADCLIFFE-BROWN, 1974. p. 18

A função da ciência da cultura, para o autor, consiste em reduzir um complexo número de dados em um número limitado de leis e princípios gerais. A par disso, Radcliffe-Brown incorpora algumas influências de Durkheim para reconhecer que cada grupo tem uma relação com determinado totem como maneira de manter viva a solidariedade do grupo. Cada grupo necessita um símbolo para representar seu segmento social.

O autor também faz considerações sobre o caráter bilateral das relações de parentesco. Isto é, os indivíduos se relacionam com certas pessoas através do seu pai e outras através da sua mãe. Além disso, mesmos nas sociedades mais profundamente patriarcais, é possível vislumbrar sempre alguma importância no papel da mãe e de seus parentes. A principal característica das sociedades chamadas primitivas é a regulação das condutas através das relações de parentesco segundo regras já fixadas de atuação de acordo com cada grupo familiar.

O sistema social possui um componente chamado de inconsistência funcional. Como é muito difícil lograr uma perfeita harmonia entre as partes do todo, a inconsistência provoca que um conflito entre as partes produza uma mudança no sistema. Esse fenômeno é recorrente e provoca contínuas mudanças nos sistemas sociais. Por isso, o autor aponta duas leis sociológicas que justificam a sucessão unilinear (matriarcal ou patriarcal): a necessidade de direitos precisos e claros para que exista um reconhecimento geral e impeça conflitos insolúveis; e, a necessidade de continuidade do sistema social através de relações definidas de direitos e deveres.

Em seus estudos de parentesco, Radcliffe-Brown já adverte que ao referir-se a sistema de parentesco, também inclui as demais relações do sistema como as de afinidade. O autor também já refere a família elementar formada pelo pai, a mãe e seus filhos.

Em qualquer sociedade se reconhece um determinado número de relações entre os membros desta família elementar e uma série de direitos e deveres relacionados a posição ocupada por cada um dos membros. Assim, o sistema de parentesco, para o autor, é *"una red de relaciones sociales de tipo definido que constituyen parte de toda la red de relaciones sociales que llamo estructura social.*[118]*"* Para o autor, a nomenclatura das relações de parentesco, causadoras de tantas controvérsias entre antropólogos, são partes do sistema de parentesco e também do sistema da linguagem. Não seria possível compreender a nomenclatura sem compreender as demais relações. O autor realiza uma análise também sobre o tabu, derivado da palavra polinésia, tabu que significa proibição de qualquer gênero.

Uma sociedade necessita, minimamente, de uma rede de relações sociais que una os indivíduos. Outra condição necessária é que os membros desta sociedade coincidam nos valores que reconhecem. Além disso, existem, também, diferenças entre os membros e uma das tarefas do antropólogo é descobrir uniformidades profundas debaixo de superficiais diferenças.

O autor também concorda com Maine e Fustel de Coulanges sobre o papel fundamental da religião na constituição das sociedades grega e romana. Por isso, defende a estreita correspondência entre a forma religiosa e a forma da estrutura social. Para corroborar esta explicação o autor utiliza exemplos de Grécia e Roma e também do sistema de totemismo australiano.

Finalmente, chegamos ao ensaio onde Radcliffe-Brown detalha seus conceitos de função em ciências sociais. O conceito e a importância da função nasceram de analogia com as partes do corpo humano. A função de qualquer elemento social é o papel

---

[118] RADCLIFFE-BROWN, 1974. p. 67

que desempenha em prol da continuidade social, ou seja, a sua contribuição a manutenção da estrutura social. Dito de outra forma, a função, é a contribuição que uma atividade ou grupo parcial oferece ao todo do qual faz parte. Ademais, para o autor, não devemos partir da premissa de que todas as pautas sociais possuem uma função, mas sim aceitar a hipótese de que pode existir uma função e que é válido e razoável tentar descobrí-la.

A estrutura social, por outro lado, é a complexa rede de relações entre os indivíduos. Cada ser humano, quando está inserto em uma determinada sociedade é às vezes indivíduo e pessoa na acepção de Radcliffe-Brown. Ao utilizar o termo indivíduo, o autor refere-se ao componente biológico de cada ser humano, enquanto o termo pessoa serve para designar a personalidade social do ser humano como pai, marido, trabalhador, a qual designa seu lugar na estrutura social. Esse papel na estrutura social também encontra a divisão do trabalho social reputada como componente importante da estrutura social.

Radcliffe-Brown faz uma importante advertência sobre a frequente habilidade dos juristas em abstrair a sociedade do estudo das leis. Certamente é mais conveniente abstrair a realidade para o estudo do direito. No entanto, adverte o autor, o direito é apenas uma parte mediante a qual se mantém a estrutura social. Para entender o sistema jurídico de uma sociedade, é necessário estudá-la em seus outros aspectos ao mesmo tempo que o sistema jurídico será um componente importante para o estudo de uma estrutura social.

O termo lei vem incluindo numerosas formas de controle social, especialmente quando há a aplicação sistemática da força da sociedade. Nas sociedades primitivas, o autor aponta a distinção entre direito dos delitos públicos e direito dos delitos privados. Quando ocorre um fato que ofende todo o grupo social e este, de maneira organizada reage contra o ofensor caracteriza o delito público, o qual depois passa a chamar-se direito penal. Estes fatos normalmente contém um forte componente moral capaz de provocar uma ação de disforia social. Já o delito privado é aquele no qual a violação se dá com relação a uma determinada pessoa ou grupo de pessoas. Os ofendidos buscarão uma compensação ou indenização pelo dano sofrido. A natureza daquilo que se considera delitos públicos ou privados muda conforme cada realidade social. O autor dá diversos exemplos onde o assassinato não é considerado um delito público, mas sim o é o incesto.

Radcliffe-Brown possui outras diversas obras, ainda que para Evans-Pritchard, no prólogo da obra aqui comentada, diga que o autor escreveu pouco, levando-se em conta sua extensa e profícua carreira acadêmica. Além disso, o próprio Radcliffe-Brown não aceitava o título de inventor da escola funcional de antropologia. Aliás, o autor também repudiava as escolas em que passou-se a dividir a antropologia. Dizia ele que o cientista sempre parte do trabalho de seus antecessores e procura aportar contribuições ao corpo teórico da ciência.

12 O ESTRUTURALISMO

O estruturalismo não chega a ser uma escola propriamente dita. Na verdade, se assemelha mais a uma orientação conectada com a linguística estrutural de Saussure[119]. Busca-se, na visão estruturalista, captar estruturas subjacentes ao pensamento, a linguagem e a cultura.[120] O principal expoente desta corrente de pensamento é Claude Lévi-Strauss o qual preparou o terreno para o florescimento e afirmação das chamadas teorias antropológicas pós-modernas. Por este motivo, o autor Espina Barrio[121] apontou Lévi-Strauss como o antropólogo entre os dois mundos, moderno e pós-moderno. Na obra de Lévi-Strauss, pode-se vislumbrar alguns rasgos pós-modernos que serão depois trabalhados por autores como Geertz, Turner e Douglas.

---

[119] SAUSSURE, Ferdinand de. **Curso de linguística general.** Tres Cantos (Madrid): Akal, 2006.

[120] ESPINA BARRIO, 2005.

[121] ESPINA BARRIO, Ángel Baldomero. **Lévi-Strauss: ¿El último moderno y el primer postmoderno?** Recife: Massangana, 2010.

A obra de Lévi-Strauss é bastante ampla e aqui somente nos limitaremos a comentar algumas de suas principais obras, fundamentalmente com relação ao enfoque estruturalista e os pontos da sua obra que podem ser relacionados com o marxismo cultura e como prenúncio da teoria pós-moderna. Entre as obras em destaque estão duas coleções de textos chamadas ambas de Antropologia Estrutural e também as Estruturas Elementares de Parentesco, Tristes Trópicos e as Mitológicas.

Nas coleções de textos chamadas de Antropologia Estrutural temos o primeiro de dois livros[122], o mais antigo, onde o autor trata de questões sobre linguagem, parentesco e organização social. As estruturas, ressalta Lévi-Strauss logo na introdução, não devem ser consideradas como a simples ordenação das partes de um todo. Para que essa ordenação de partes seja verdadeiramente estruturada, é necessário que atenda a pelo menos dois requisitos essenciais: que seja um sistema regulado por alguma forma de coesão interna; e, que esta coesão esteja inacessível à observação de um sistema isolado e sim revelada a partir da observação de sistemas aparentemente distintos.

O autor explica neste livro, como faz em outros textos, a estreita relação entre linguística e sociologia (lembremo-nos, segundo Harris[123], na França o termo antropologia demorou muito a firmar-se). Para ele a linguística pode revelar a persistência de relações desaparecidas, hipótese a qual poderá ser confirmada com a ajuda do sociólogo.

O sistema de parentesco, para Lévi-Strauss, comporta duas realidades completamente diferentes. A primeira é a nomenclatura utilizada para designar as relações familiares. A segunda é como os indivíduos designados por tais nomenclaturas assimilam tais

---

[122] LÉVI-STRAUSS, Claude. **Antropología Estructural**. Buenos Aires: Eudeba, 1968.
[123] HARRIS, 2003.

nomes. Desde logo, parece estar claro para o mencionado autor que os indivíduos se sentem impelidos a determinadas condutas diretamente relacionadas com o nome dado à relação entre ele e outro como por exemplo o dever, a hostilidade, a familiaridade ou a afeição.

O elemento de parentesco para Lévi-Strauss é resultado direto da existência universal da proibição do incesto. Registre-se, em outro ponto da mesma obra, o autor ressalta a existência da proibição do incesto como um dos caracteres da unidade do pensamento humano. Com isso o autor afirma que somente é possível obter uma mulher das mãos de outro homem, seja ela filha ou irmã. O tio materno, portanto, não surgiu com o termo *avunculado,* mas já existia previamente e quiçá com diferentes acepções. O avunculado é parte integrante da estrutura elementar de parentesco e integrante do átomo de parentesco.

Segundo Lévi-Strauss, o parentesco só pode estabelecer-se e perpetuar-se a partir das alianças formadas entre indivíduos e grupos. O autor critica a Radcliffe-Brown por tomar a família como entidade elementar quando, em verdade, o elementar são as relações entre as famílias, as quais determinam as relações de aliança e respeitam a proibição do incesto na qual a relação avuncular é uma consequência, às vezes implícita e outras explícita.

Lévi-Strauss vai inclusive mais além, compara a linguagem com a estrutura de parentesco em que ambos são sistemas complexos e que servem para comunicar. As palavras são os signos da linguagem e as mulheres, para Lévi-Strauss, são os signos do sistema de parentesco. Da mesma forma, a pulsão inicial que compeliu os homens a intercambiarem palavras também pode ter influenciado a função simbólica de outros intercâmbios, entre eles o de mulheres.

Lévi-Strauss divide o globo em diversas áreas e de alguma forma estabelece a correlação entre a matriz linguística e os sistemas de parentesco. São cinco as áreas consideradas pelo autor: área indo-européia, área sino-tibetana, área africana, área oceânica e área norte-americana. Como exemplo, utilizaremos para comentar a área indo-européia a qual possui uma densidade tal que é suficiente para proporcionar um sistema de intercâmbios generalizados a partir de um pequeno número de proibições matrimoniais. Para propor uma analogia, Lévi-Strauss ressalta que o sistema linguístico da área deveria estar formado por línguas de estrutura simples mas que empregam uma quantidade de elementos, assim como a língua deveria possuir uma grande diversidade de elementos capazes de ocupar o mesmo espaço (mesma posição na estrutura).

Lévi-Strauss também explica porque o átomo de parentesco não pode ser considerado como uma família consanguínea isolada. Para a representação do átomo de parentesco é sempre necessário que esteja presente um elemento da família que cede a mulher. Assim, o átomo de parentesco estará formado por um marido, uma mulher, uma criança e um elemento da família que cedeu esta mulher. Desta feita, as relações entre os integrantes do átomo de parentesco determinarão o tipo de atitudes, positivas ou negativas, entre cada um dos membros. Lévi-Strauss representa os tipos de atitudes entre os membros do átomo de parentesco com os sinais + (positivo) e – (negativo) a depender de como se verificam tais relações.

É importante deixar claro o que para Lévi-Strauss significa uma organização dualista. Segundo o mencionado autor, uma organização dualista é aquela dividida claramente em dois grupos menores que intercambiam direitos e deveres opostos e complementares como, por exemplo, a obrigação de casar-se com um membro do outro grupo. Lévi-Strauss ainda aponta as diferenças entre um dualismo diametral e um dualismo concêntrico. Se imaginarmos as disposições de casas e construções de determinado grupo em uma forma circular, na primeira hipótese entende-se existir uma divisão pela metade em que os dois lados da metade assumem obrigações mútuas para com o outro grupo. No caso do dualismo concêntrico este é mais dinâmico e, como sugere o próprio nome, é formado por dois círculos concêntricos.

No entanto, a despeito de tentar entender e explicar as sociedades organizadas em forma aparentemente dualistas, Lévi-Strauss não se deixa convencer pela simplicidade da explicação dualista. Para ele, na verdade, uma organização dualista revela muitas contradições e anomalias de maneira que é melhor reinventá-lo, encontrar outro tipo de nomenclatura já que em seu entender a organização dualista é apenas superficial e as estruturas são bastante mais complicadas do que demonstram a simples vista.

No âmbito da magia e da religião, Lévi-Strauss também fez muitas considerações importantes. Neste sentido, diz o autor que o universo não significa nunca o bastante para o homem já que este dispõe sempre de um excesso de significações com relação aos elementos disponíveis para as relacionar. Desta forma, é necessário criar um novo sistema de referência, como o sistema mágico para que este excesso de significações possa ser integrado.

A cura realizada pelos xãmas é outro exemplo em que Lévi-Strauss a compara com a psicanálise, por serem ambos métodos para trazer à consciência conflitos e resistências que permanecem no inconsciente. O xamã, tal qual o psicanalista, estabelece um primeiro papel de orador (de ouvinte no caso do psicanalista) estabelecendo relações mediatas e imediatas, respectivamente, com o inconsciente e consciente do enfermo.

Ainda, no que tange a aspectos do inconsciente e subconsciente, este último seria o léxico onde cada um acumula o vocabulário de sua história pessoal. No entanto, tal vocabulário só é possível de ser inteligível se o inconsciente se encarrega de organizá-lo de forma possível a construir um discurso coerente. As estruturas do mundo simbólico são, portanto, bastante limitadas em suas leis, o que não impede uma imensa diversidade de conteúdo.

Estas considerações preliminares, bastante resumidas, são necessárias para que se entre em contato com as propostas de explicação da estrutura dos mitos propostas por Lévi-Strauss. Uma das primeiras questões a levar-se em consideração para analisar os mitos é seu caráter contraditório e livre, onde em teoria tudo é possível. O mito está na linguagem, mas vai além da linguagem. E, no campo lingüístico, é possível situar o mito como oposto a poesia. A poesia é de muito difícil tradução que preserve o sentido e a forma tal e qual o autor, no idioma original, a construiu. Já o mito, a despeito de traduções sofríveis, segue preservando o seu valor e seu significado. No mito importa muito mais a história relatada que a forma ou o estilo do relato.

Por isso, Lévi-Strauss conclui que a maneira como as partes do mito estão colocadas e combinadas é o fator de maior relevo para que o mito adquira sentido. As verdadeiras propriedades do mito devem ser buscadas em um nível superior ao da linguagem, pois são de natureza mais complexa que esta. O mito está, para ele, formado por unidades constitutivas formadas também por fonemas, morfemas e semantemas. Contudo, como o mito opera em um nível superior, é necessário encontrar essa unidade a qual o autor chamou de mitema. Ou seja, buscou resumir as sequências de acontecimentos nas frases mais curtas possíveis e agrupá-las em feixes relacionados de maneira a possibilitar uma releitura e reconstrução sequencial do mito.

O pensamento mítico, para o autor, opera com a mesma lógica do pensamento científico e isso comprova que o homem sempre pensou igualmente bem. Na verdade, as mudanças ocorreram no mundo ao seu redor e não na sua consciência. Cada vez mais o homem não se conforma com conhecer e necessita reconhecer-se como conhecedor. A humanidade muda e com ela muda significativamente o mundo tornando-se o homem cada vez mais o objeto de sua investigação.

Um exemplo dado pelo próprio autor é como a tabela seguinte[124]:

---

[124] LÉVI-STRAUSS, 1968. p.194

Cadmo busca sua irmã Europa raptada por Zeus			
		Cadmo mata ao dragão	
	Os Espartanos eliminam-se mutuamente		
			Lábdaco (pai de Layo) = coxo (?)
	Édipo mata seu pai Layo	Édipo imola a Esfinge	Layo (pai de Édipo) = torcido (?)
Édipo se casa com sua mãe Jocasta			Édipo = pé-inchado
	Etíocles mata a seu irmão Polinices		
Antígona enterra a Polinices, seu irmão, violando a proibição			

As colunas verticais, em número de quatro, agrupam relações pertencentes ao mesmo feixe. Para o relato do mito seria necessário esquecer a disposição em colunas e simplesmente ler da esquerda para direita e de cima para baixo. No entanto, para superar o plano da linguagem e verdadeiramente compreender o mito seria necessário ler cada coluna como um todo.

Como se pode notar, cada coluna agrupa uma série de relações representativas de um mesmo rasgo comum (e por isso estão agrupadas de tal maneira). Na primeira coluna da esquerda estão elencadas relações entre parentes consanguíneos que são exageradas, há um tratamento mais íntimo entre os parentes que o recomendado ou permitido pelas regras sociais. Na segunda coluna produz-se o mesmo tipo de relações, mas com o sentido inverso, as relações entre os parentes estão subestimadas. Na terceira coluna estão relacionados os monstros e sua destruição, neste caso o dragão e a esfinge. Já na quarta coluna, Lévi-Strauss avança sobre uma hipótese mais elaborada, obtida a partir da comparação dos três nomes e que os três de uma mesma linha sucessória masculina representem alguma dificuldade para "andar erguido". O mito opera como um sistema de metalinguagem formando uma hiperestrutura capaz de operar em diversos níveis da linguagem. A união da linguagem e da metalinguagem constrói os mitos e contos que adquirem significado a partir da combinação entre diferentes elementos. A estruturação do vocabulário, dá-se, para o autor a *posteriori* e não a *priori*. Já os mitemas, possuem uma significação já carregada a *priori* pois são "palavras de palavras[125]" e funcionam simultaneamente em dois planos, o da linguagem e o da metalinguagem.

Segundo Lévi-Strauss, para os índios Pueblo, por exemplo, é frequente a representação do homem nascido na terra como com alguma dificuldade para andar erguido. A partir desta constatação, Lévi-Strauss relaciona a primeira e segunda coluna apresentando os fatos contraditórios da mesma maneira da terceira e quarta coluna. Esta contradição, para o autor, está presente no mito e faz parte de sua característica. Ademais, não é necessário empreender uma busca pela primeira ou autêntica versão do mito, o mito é composto pelo conjunto de suas variações.

---

[125] LÉVI-STRAUSS, Claude. Claude. **Antropología Estructural: mito, sociedad y humanidades.** Madrid: Siglo XXI, 2009. p. 139.

As incursões iniciais no terreno da mitologia são importantes para oferecer uma introdução ao tema da estrutura em antropologia. Para Lévi-Strauss, descobrir a estrutura pode ser um método valioso para ser aplicado com relação a diversos problemas sociais ainda que tenha sido utilizado (até o momento em que escrito o livro a que nos referimos) quase sempre com relação às estruturas de parentesco. Para que uma estrutura possa ser considerada como tal, necessita ser um sistema integrado e ordenado onde a modificação em alguma das partes acabe por provocar modificação ou alteração nos demais.

As estruturas devem ser de uma natureza que lhes permita traduzir em modelos comparáveis inclusive na forma de partes isoladas. Além disso, para o autor, a principal tarefa do estruturalista é identificar os níveis de realidade que permitem a estruturação dos mencionados modelos.

Para Marx[126] e Engels[127], por exemplo, parece ser que as sociedades chamadas primitivas são regidas por laços de consanguinidade e, as sociedades posteriores, por relações de produção. Em outras palavras, para os mencionados autores, nas sociedades pré-capitalistas, as relações de parentesco desempenhavam um papel bastante mais importante que as relações entre classes.

Outro livro de Lévi-Strauss, Tristes Trópicos[128], também traz algumas considerações de interesse para nosso estudo, sobretudo no capítulo sobre os homens, mulheres e chefes dos *nambiquaras*. Tristes Trópicos é um livro de trabalho de campo e sobre ele. Reúne diversas passagens que podem ser objeto de uma mais

---

[126] MARX, Karl. **El capital: crítica de la economía política**. México : Fondo de Cultura Económica, 1984

[127] ENGELS, 2008.

[128] LÉVI-STRAUSS, Claude. **Tristes Trópicos**. Barcelona: Paidós, 2002.

profunda reflexão e aprofundamento. Aproveitamos apenas alguns deles que entendemos ser de especial interesse para nosso estudo.

No primeiro de tais trechos, o autor comenta a circunstância da diminuição do grupo e a necessidade de o chefe buscar aliança em outro grupo maior, deixando, assim, de exercer a chefia:

> "*Llegará un día en que el jefe se encontrará a la cabeza de un grupo demasiado pequeño para hacer frente a las dificultades cotidianas o para proteger sus mujeres contra la codicia de los extranjeros. En ese caso no le quedará más remedio que abandonar su mandato y unirse, con sus últimos compañeros, a una facción más feliz. Se ve entonces que la estructura nambiquara está en estado fluido. La banda se forma y se desorganiza, crece y desaparece. En el intervalo de pocos meses, su composición, sus efectivos y su distribución se hacen a veces irreconocibles. Intrigas políticas en el interior de la misma banda y conflitos entre bandas vecinas imponen su ritmo a estas variaciones, y la grandeza y la decadencia de los individuos y de los grupos se suceden de manera a veces sorpreendente.*[129]"

Esta organização fluida em muito lembra aspectos da vida moderna e também é comparável ao sistema de alianças dos *Nuer*[130]. Na descrição efetuada por Evans-Pritchard, o autor nos mostra que os *Nuer* mudam de aliados e inimigos conforme o interesse momentâneo.

Por outro lado, a questão sobre o chefe exercer muitas vezes de maneira concomitante o papel de xamã também revela a influência de Spencer[131]. A teoria de Spencer em Princípios de

---

[129] Idem. Tristes trópicos p. 331.
[130] EVANS-PRITCHARD, Edward Evan. **Los Nuer**. Barcelona: Anagrama, 1977.
[131] SPENCER, Herbert. The principles of Sociology.

Sociologia é a de que toda a divisão de tarefas começou a partir do sacerdote ou xamã como primeira diferenciação com relação aos demais. Lévi-Strauss parece concordar com Spencer ao asseverar: *"Estas funciones parecerían llevar fácilmente al chamanismo, y ciertos jefes son al mismo tempo curanderos y brujos.*[132]"

Por fim, quanto a Tristes Trópicos, cabe destacar as constatações acerca da obra de Rousseau e do apoio prestado pela antropologia, especialmente por Lévi-Strauss, às teorias daquele. O chefe (*Uilikandê*) significa para os *Nambiquara* aquele que une ou que ata juntos, sugerindo que o chefe é uma criação do grupo para reforçar sua unidade e não uma entidade de poder central necessária. Para Lévi-Strauss há uma relação quase contratual entre o chefe e seus companheiros baseada em prestações e contraprestações entre o chefe e seus seguidores fazendo da reciprocidade um dos elementos centrais das relações de poder. Contrato, consentimento e reciprocidade, seriam para Lévi-Strauss as matérias primas da vida social e, sem elas, não há edifício social que se sustente[133].

Atualmente, para Lévi-Strauss, e isso dizia o autor na década de 50 do século passado, mesmo os biólogos e os físicos já tem consciência das significações antropológicas de suas descobertas. As ciências todas, afinal, são humanas e as ciências sociais já redundam em ser humanas e sociais ao mesmo tempo.[134] As *behavioral sciences* seriam, para o autor, algo intermédio entre as ciências humanas e as exatas, exigindo um tratamento rigoroso dos fatos humanos.

---

[132] LÉVI-STRAUSS, 2002. p. 335
[133] LÉVI-STRAUSS, 2002.
[134]LÉVI-STRAUSS, Claude. **Antropología Estructural: mito, sociedad y humanidades.** Madrid: Siglo XXI, 2009.

Lévi-Strauss comenta também o marxismo, do qual certamente recebeu importantes influências. Para ele a questão central do marxismo é descobrir porque e como o trabalho produz a *plusvalia*. Para o autor, a própria resposta de Marx a tal problema oferece questões de caráter etnográfico. A primeira delas é que a humanidade, em grupos reduzidos, buscava estabelecer-se em locais onde fosse possível obter um valor positivo pelo seu trabalho. Além disso, Lévi-Strauss reputa como propriedade intrínseca da cultura a necessidade de obter uma *plusvalia* pelo trabalho executado. Assim, para Lévi-Strauss o trabalho produz sempre e necessariamente uma *plusvalia*.

Lévi-Strauss aponta que entre as sociedades chamadas hoje de subdesenvolvidas e as desenvolvidas existe uma relação de complementariedade. Para o autor, no que concorda com Marx[135], as relações entre trabalhador e capitalista são outra forma de relação entre colonizador e colonizado onde a partir da violência, saque e extermínio produziu-se uma acumulação originária capaz de instituir as diferenças sociais hoje existentes. [136]

Segundo Lévi-Strauss a origem da divisão sexual do trabalho entre homens e mulheres tem a ver com as relações que fazem muitos povos entre natureza e cultura. A existência, em ditos povos chamados de "primitivos", de um componente sobrenatural relacionado a natureza opera como mediador entre o mundo natural e cultural. A despeito da primazia quase sempre concedida aos elementos da cultura, a natureza possui esse aspecto de divindade, local onde pode-se entrar em contato com os deuses, os antepassados, os espíritos. Este componente está em um plano superior (em termos de importância) que a cultura é

---

[135] MARX, Karl. **El capital: crítica de la economía política**. México: Fondo de Cultura Económica, 1984.
[136] LÉVI-STRAUSS, Claude. **Antropología Estructural: mito, sociedad y humanidades.** Madrid: Siglo XXI, 2009.

inferior com relação à natureza, mas depende desta. Destas diversificações entre natureza e cultura surge também a dualidade homem/mulher onde a mulher identifica-se com o componente natural e o homem com o componente cultural. Por isso, à mulher restariam as tarefas mais relacionadas com a natureza (o autor dá como exemplo a jardinagem) e ao homem aquelas relacionadas com a ordem cultural (sendo exemplo aquelas atividades que demandam a utilização de instrumentos elaborados).

Na questão do parentesco certamente foi a maior contribuição de Lévi-Strauss e de seu enfoque estruturalista. O incesto, para Lévi-Strauss, exerce a função de estimular as alianças sociais. Ao projetar irmãs e filhas para fora do grupo sanguíneo o incesto inaugura alianças entre grupos consanguíneos distintos e funda a sociedade. Para Lévi-Strauss o incesto é a sociedade, a qual depende de uma rede instável e complicada de alianças entre famílias consanguíneas. A existência desta rede faz com que surjam questões que o autor reputa como centrais para a antropologia como, por exemplo, se esta estrutura seria homogênea em todos os lugares ou variável segundo cada local.[137]

Para Lévi-Strauss o sistema de parentesco, as regras de filiação e matrimônio constituem um conjunto coordenado para possibilitar a permanência do grupo social. A permanência é conseguida de maneira mais fácil ao entrecruzar-se os atores sociais na forma de relações consanguíneas e relações de aliança.

Para o autor, não se pode encontrar na humanidade traços de comportamento pré-culturais. Pergunta-se o autor se seria possível obter, em níveis limítrofes da vida animal, comportamentos predecessores da cultura. A oposição entre o

---

[137] LÉVI-STRAUSS, Claude. **Antropología Estructural: mito, sociedad y humanidades.** Madrid: Siglo XXI, 2009.

comportamento humano e animal parece ser, para ele, o exemplo maior da oposição entre natureza e cultura[138].

Lévi-Strauss não se cansa de assinalar a importância da proibição do incesto como a única regra social que possui um caráter universal[139]. Para o autor, ao procurar um grupo que não proíba o matrimônio de nenhuma maneira, este não pode ser encontrado, pois mesmo naqueles grupos mais flexíveis quanto às regras matrimoniais, existe sempre algum grupo com cujos membros é defeso casar-se.

A proibição do incesto, portanto, *"se encuentra en el umbral de la cultura, en la cultura y, en cierto sentido, como trataremos de mostrarlo, es la cultura misma*[140]" Por outro lado, segundo o autor, é necessário rechaçar a explicação que oferecem autores como Morgan e Maine sobre a dupla origem da proibição do incesto à vez natural social, pois seria uma regra social derivada de uma questão biológica, qual seja, preservar a espécie das supostas desvantagens das uniões consanguíneas. Sobre isso, o autor enfatiza que em uma comunidade pequena, de aproximadamente 80 pessoas, a proibição de casamento entre parentes próximos, nestes incluídos os primos de primeiro grau, não diminuiria o numero de portadores de genes recessivos raros mais que um 10% ou 15%.

Outra das explicações comuns costuma dizer que a proibição do incesto não é mais que um reflexo, sobre o plano social, de tendências intrínsecas à natureza do homem. Para Lévi-Strauss, a tendência do homem não é repugnar o incesto e sim buscá-lo, daí o sentido da proibição como regra universal. Desta forma, Lévi-

---

[138] LÉVI-STRAUSS, Claude. **Las Estructuras Elementales de Parentesco**. Barcelona: Paidós, 1988.

[139] LÉVI-STRAUSS, Claude. **Las Estructuras Elementales de Parentesco**. Barcelona: Paidós, 1988. p. 42

[140] LÉVI-STRAUSS, Claude. **Las Estructuras Elementales de Parentesco**. Barcelona: Paidós, 1988. p. 42

Strauss afirma ser a proibição do incesto natural e cultural, sendo que esta a proibição constitui o vínculo entre natureza e cultura. De forma geral se poderia dizer, para o autor, que a proibição do incesto opera a passagem do fato natural da consanguinidade para o fato cultural da aliança. [141]

A cultura, a partir da existência de um grupo, opera para a continuidade de tal grupo. Com o advento da regra do incesto, a cultura tem o papel de organizar a aplicação da regra e impor uma ordem onde antes havia a desorganização. Além disso, para muitos povos indígenas, os sistemas de intercâmbio matrimoniais e econômicos formam parte de um mais amplo sistema de reciprocidade. Como um exemplo deste sistema, refere a situação de carnear um boi no centro de um povoado *tonga* onde cada parte corresponde a um parente ou integrante da comunidade segundo um intrincado sistema de relações.

Citando aos *nambikwara*, Lévi-Strauss também afirma que a regra da monogamia não é absoluta já que eles permitem a poligamia para os chefes e xamãs. O fato de que os chefes e xamãs possam ter várias mulheres em comunidades pequenas obriga os demais a ter a virtude de por vezes não terem uma mulher disponível para casamento.

Os chefes por exemplo, adquirem o direito à poligamia em troca da segurança coletiva proporcionada pela organização de uma comunidade presidida por alguém. Ou seja, o grupo renuncia a parte de sua segurança individual (direito e possibilidade de desposar alguma mulher) em favor de um ganho coletivo, ainda que ambas as situações sejam etéreas e, às vezes, apenas hipotéticas.

---

[141] LÉVI-STRAUSS, Claude. **Las Estructuras Elementales de Parentesco**. Barcelona: Paidós, 1988.

O sistema adéqua-se com a homossexualidade em alguns casos e a poliandria em outros. Por estes motivos, mesmo em sociedades onde exista equilíbrio entre homens e mulheres, o fato de umas serem mais desejáveis que outras faz com que a demanda de mulheres sempre esteja desequilibrada ou sob tensão.

A questão dos desequilíbrios entre os sexos serve para ilustrar outra das considerações de Lévi-Strauss: a de que o matrimônio nas sociedades primitivas tinha uma importância que transcendia o aspecto sexual. Nestas comunidades, a satisfação econômica e da subsistência descansa sobre a divisão sexual do trabalho. Por isso, o matrimônio reveste-se de muito mais importância que apenas o aspecto erótico.

Lévi-Strauss traz algumas estruturas mentais as quais recorremos constantemente e que ele julga universais: "*la exigencia de la regla como regla; la noción de reciprocidad como la forma más inmediata en que puede integrarse la oposición entre el yo y el otro; por fin, el carácter sintético de la donación, vale decir, el hecho de que la transferencia consentida de un valor de un individuo a otro transforma a estos en partenaires y agrega una nueva calidad al valor transferido.*[142]" O intercâmbio, para Lévi-Strauss é apenas um dos aspectos de um sistema global de reciprocidade.

Cabe diferenciar, de maneira resumida, os sistemas de organização dualista e de intercâmbio generalizado. No caso das organizações dualistas, de maneira muito simplória, existe no seio do grupo uma divisão que instaura obrigações mútuas e pares matrimoniais restringidos. Ou seja, neste sistema, os indivíduos do mesmo grupo não poderão casar entre si e terão, necessariamente, de casar-se com membros do outro grupo. Podem existir, ainda, grupos com os quais o matrimônio seja aconselhável ou

---

[142] LÉVI-STRAUSS, Claude. **Las Estructuras Elementales de Parentesco**. Barcelona: Paidós, 1988. p. 125

fortemente indicado dentro do grupo de parceiros não proscritos. Já o intercâmbio generalizado baseia-se na crença e na confiança de que o sistema funcionará e aquilo que foi dado será em algum momento recebido. Não há uma reciprocidade imediata e palpável entre dois grupos senão uma reciprocidade instalada e generalizada no grupo social. O pai cede a filha em matrimônio com a confiança de quando chegue a idade de casamento de seu filho mais novo, outra família cederá sua filha. Este tipo de sistema, para Lévi-Strauss, inaugura as operações à prazo. A crença funda o crédito e a confiança o concede. [143]

O que determina o matrimônio não é a relação de parentesco e sim o fato de que a relação de parentesco transforma-se em aliança e instaura uma estrutura de reciprocidade. Esta estrutura pode expressar-se de duas maneiras diferentes, seja com todos os matrimônios sendo realizados na mesma geração (paralela) ou com os matrimônios realizados em gerações distintas (oblíqua). A perspectiva paralela funciona de forma diferida, pois a compensação não é obtida pelos mesmos indivíduos que suportaram o peso do sacrifício, ainda que crie uma melhor regularidade e afetividade. Pelo contrário, a perspectiva oblíqua responde a um caráter mais individualista e imediatista onde aquele que realiza o sacrifício exige uma compensação imediata. Lévi-Strauss associa estes tipos de estruturas matrimoniais com as sociedades que realizam intercâmbios imediatos (compras em dinheiro) e aquelas que realizam os intercâmbios a prazo[144].

Para o autor, portanto, uma estrutura de parentesco complexa corresponde a uma estrutura que não implica a indicação de cônjuge preferencial e apresenta apenas um pequeno grupo de

---

[143] LÉVI-STRAUSS, Claude. **Las Estructuras Elementales de Parentesco**. Barcelona: Paidós, 1988.
[144] LÉVI-STRAUSS, Claude. **Las Estructuras Elementales de Parentesco**. Barcelona: Paidós, 1988.

restrições. A proibição do incesto realiza uma arbitragem entre aliança e parentesco como não se cansa de repetir Lévi-Strauss. Esta proibição é menos uma proibição e mais uma obrigação de fazer, isto é, pretende mais instigar que a mãe, a irmã e a filha sejam entregues do que proibir o casamento no seio da família. Três são os caracteres que foram adotados para conformar o matrimônio da sociedade européia moderna: a liberdade de escolha do parceiro respeitando o grupo proibido; a igualdade dos sexos frente aos votos conjugais, a emancipação dos parentes a partir do matrimônio e o caráter individual do contrato. O matrimônio não se esgota, entretanto, no limite do casal, pois faz parte de um sistema mais amplo de reciprocidade e intercâmbio.

Nas conclusões, Lévi-Strauss dá um célebre exemplo, frequentemente citado pelo autor Espina Barrio, onde o caçador indígena é perguntado sobre por qual motivo não se casava com sua irmã. A resposta deste é no sentido de que seria uma loucura casar-se com a própria irmã porque, ao casar-se com a irmã de outro e outro casar-se com a sua, ele adquiria dois cunhados, companheiros de caça por excelência, fato que aumentaria muito suas probabilidades de êxito e sobrevivência[145].

Contrariando, como assinala o próprio Lévi-Strauss, algumas das asserções de Radcliffe-Brown, uma família biológica implica sempre uma relação de aliança entre duas famílias. Por tal motivo, o átomo de parentesco deve ser formado sempre pelo marido, a esposa, os filhos e um representante do grupo que cedeu a mulher seja o irmão materno ou pai da esposa. Tal tipo de estrutura básica mostra um sistema quadrangular de relações possíveis

---

[145] LÉVI-STRAUSS, Claude. **Las Estructuras Elementales de Parentesco**. Barcelona: Paidós, 1988. p. 562

representada pelas relações entre marido e mulher, pai e filho, irmã e irmão e tio materno e sobrinho. [146]

Para o estudo dos mitos Lévi-Strauss ainda nos ofereceu a tetralogia "mitológicas" onde aborda uma infindável série de mitos e os analisa de maneira profunda buscando revelar os significados ocultos, as contradições e a importância do mito em relação com a forma de vida da sociedade que os adota e os conta. Um dos primeiros problemas referidos por Lévi-Strauss é a dificuldade de adotar-se o pensamento cartesiano com relação aos mitos. Não existe uma unidade secreta isolável do mito. Quando se crê tê-lo separado, as partes voltam a fundir-se por afinidades imprevistas.[147]

O autor refere que realizou uma sintaxe da mitologia sul-americana. E, por outro lado, afirma que não é exigível a apresentação de um discurso mítico total já que tal solicitação carece de sentido como visto antes. O autor também se pergunta, em determinado ponto, se as mitologias não são uma distração desnecessária ao antropólogo que deveria estudar sociedades concretas e seus problemas políticos, sociais e econômicos.

A família biológica não está sozinha e deve recorrer à aliança com outras famílias para perpetuar-se. Por isso, todo matrimônio é, para Lévi-Strauss, um *"encuentro dramático entre la naturaleza y la cultura, la alianza y el parentesco.*[148]*"*

Na cultura, para o autor, são distintos o canto e a língua falada assim como a cultura difere da natureza e o discurso sagrado do

---

[146] LÉVI-STRAUSS, Claude. **Antropología Estructural: mito, sociedad y humanidades.** Madrid: Siglo XXI, 2009.

[147] LÉVI-STRAUSS, Claude. **Mitológicas I: El crudo y el cocido.** México: Fondo de Cultura Económica, 1972.

[148] LÉVI-STRAUSS, Claude. **Las Estructuras Elementales de Parentesco.** Barcelona: Paidós, 1988. p. 567

mito é diferente do profano. Estas oposições são a base para análise dos mitos. O jaguar e o homem são uma oposição duplamente formada pela linguagem ordinária. Um come o cru e o outro come o cozido, o jaguar come o homem, mas o homem não come o jaguar. Esta contradição representa uma relação de reciprocidade nula.

Nas mitológicas também há a referência ao parentesco onde o autor constata que a união de um homem e uma mulher abala o equilíbrio do grupo social enquanto estes não tenham filhos. O matrimônio retira dois possíveis consortes do jogo matrimonial e não devolve nenhum até o nascimento da prole. O nascimento da descendência representa a reinserção da família nos intercâmbios e alianças matrimoniais.

A contradição entre o cru e o cozido, utilizada durante toda a tetralogia, nada mais é do que uma metáfora da contradição entre natureza e cultura. O cru representando a natureza e o cozido a cultura. Neste sentido, são colocados para cozinhar indivíduos recém entregues a um processo fisiológico intenso como recém nascido e a moça púbere. O fogo de cozinha é o elemento que realiza a mediação entre o cru e o cozido representado pela cocção do produto cru para o consumo humano. Lévi-Strauss ainda destaca que para os Tarahumara, somente é alimento verdadeiro aquele que foi cozido previamente.[149] Alguns indígenas também pensam que a agricultura é uma das formas de cozer os alimentos. Os alimentos cultivados já sofreram a influência da cultura e não necessariamente precisam ser cozinhados para virar alimentos.[150]

---

[149] LÉVI-STRAUSS, Claude. **Mitológicas I: El crudo y el cocido**. México: Fondo de Cultura Económica, 1972.
[150] LÉVI-STRAUSS, Claude. **Mitológicas II: De la miel a las cenizas**. México: Fondo de Cultura Económica, 1972.

No segundo volume das mitológicas, Lévi-Strauss comenta a relação entre o mel e o tabaco ambos produtos autóctones da américa do sul e que possuem papéis ambíguos e em constante transformação. Ambos os produtos podem variar do alimento supremo ao veneno mais mortal. Além disso, existem diversas formas intermediárias a depender do momento da colheita, do processo de fabricação, da qualidade do produto. As oposições também poderiam expressar-se como cru e cozido, molhado e queimado e infraculinário e supraculinário. Contudo, as relações entre mel e tabaco são muito mais complexas que tais contradições. [151]

De igual maneira o cru e o cozido representam as relações da cozinha, ou seja, do interior do lar. Por seu turno, mel e tabaco representam dimensões exteriores à cozinha, a festa, a coletividade e também a sazonalidade. O mel está aquém da cozinha, pois o homem o busca na natureza já pronto e o tabaco, por sua vez, está além da cozinha pois necessita ser mais que cozinhado, necessita ser queimado. [152]

Outro dos autores reputados frequentemente como um dos principais do estruturalismo, ainda que um pouco eclipsado ante o volume a transcendência da obra de Lévi-Strauss, é Raymond Firth. Firth ocupou a mesma cátedra que Malinowski na *London School of Economics* e foi um dos fundadores da Antropologia Econômica. O autor defendeu a importância das crenças culturais para a estruturação da vida econômica.[153] Analisaremos de maneira sucinta alguns aspectos de sua obra principalmente naqueles que mais interessam ao presente estudo.

---

[151] LÉVI-STRAUSS, Claude. **Mitológicas II: De la miel a las cenizas**. México: Fondo de Cultura Económica, 1972.
[152] LÉVI-STRAUSS, Claude. **Mitológicas II: De la miel a las cenizas**. México: Fondo de Cultura Económica, 1972.
[153] BARFIELD, Thomas. **Diccionário de Antropología**. Barcelona: Bellaterra, 2001.

Ao destacar um fato aparentemente sem maior importância, Firth traz alguns assuntos interessantes para reflexão. Segundo o autor, em *Tikopia*, homens e mulheres mudam de nome ao casar-se. O nome de solteiro a partir de então somente é utilizado por parentes íntimos. Normalmente o homem adota o pré-nome *Pa*, algo similar ao "Senhor" ou "Seu" do português e mais um nome de um dos antepassados. Se o casal não tem filhos, vai-se investigar como foi a prole do antepassado e se esta foi escassa, o insucesso é atribuído ao nome que é imediatamente trocado. Essa questão, Firth atribui à importância do nome para colocar o indivíduo dentro de pautas sociais fundamentais como a identidade e posição no grupo.

Firth também traz algumas noções sobre o conceito de estrutura em antropologia. Para ele, a estrutura social deve cumprir determinadas condições para que possa receber verdadeiramente o nome de estrutura: a primeira delas é que deve abarcar relações ordenadas das partes com o todo, essas relações deverão ser superpostas em diversos níveis de complexidade bem como que sua ocorrência apresente um grau mínimo de continuidade, não sendo admitidas relações efêmeras. Destarte, Firth pressupõe que cada ação social tem uma ou mais funções sociais as quais ele define como a relação entre uma ação e o sistema do qual forma parte.

Outra importante distinção que realiza o autor é a diferenciação entre os termos estrutura e organização social. Para Firth, ao definir-se a estrutura em termos abstratos é mister definir a organização em termos concretos. A organização social, seria, portanto, dispor a ação em sequências concretas para atender a objetivos eleitos anteriormente. Ou seja, a organização social implica a reunião de elementos diferentes em uma relação comum. A organização social se encarrega de ordenar sistematicamente as relações através de atos de eleição e decisão.

Toda organização, por outro lado, rege-se por um sistema de valores e normas que sejam capazes de influir nas decisões dos membros[154].

Em outro artigo, Firth destaca novamente a diferença entre estrutura e organização social. Esta última seria a ação ordenada em busca de um objetivo, a organização social seria o ajuste funcional de uma sociedade. Enquanto à estrutura, Firth diferencia a estrutura manifesta, composta de grupos de filiação, relações de parentesco básicas e hierarquia formal da estrutura latente, composta de características igualmente fundamentais numa sociedade, mas que não são observáveis senão depois de uma profunda sistematização. Existe distinção também entre a mudança social, onde são modificados elementos básicos da sociedade e mudanças em detalhe onde a ação social, mesmo repetida, não muda as formas sociais básicas[155].

Firth também destaca que o ordenamento social, de alguma forma, numa acepção mais restringida da estrutura, compreende não só os grupos baseados no sexo, na idade e no parentesco, mas também outras formas de associação constituídas com um fim comum como o trabalho. Também são necessários alguns sistemas de crenças e procedimentos para orientar as atividades das pessoas. Tais métodos de controle social compreendem um conjunto de conhecimentos técnicos e empíricos que permitem ao indivíduo atuar no ambiente em que se insere. Firth também destaca a importância de alguns grupos, chamados por ele de primários, onde os integrantes de tais grupos mantêm um contato íntimo e pessoal na sua vida diária. Citando tais grupos, o autor

---

[154] FIRTH, Raymond. **Elementos de antropología social.** Buenos Aires: Amorrortu, 1971. p. 161

[155] KORSBAEK, Leif. **Raymond Firth: La Organización social y el cambio social.** Iberóforum. Revista de Ciencias Sociales de la Universidad Iberoamericana [en linea] 2010, V (Enero-Junio): [Fecha de consulta: 6 de junio de 2016] Disponible en:<http://www.redalyc.org/articulo.oa?id=211014857008>

coloca como exemplo a família, o grupo de trabalho, a vizinhança e grupos de jogo.

Para Firth a existência de tais grupos primários é fundamental. Os mesmos proporcionam o sentimento de pertencimento ao indivíduo, dão-lhe segurança e oportunidade de aumentar sua autoestima e de obter gratificações morais. Sobre o cimento de tais grupos primários é que erigem-se outros grupos mais complexos e formais. A cooperação, também destaca o autor, é fundamental e os indivíduos deverão superar as diferenças pessoais para lograr a consecução de objetivos comuns. Ainda que em alguns pontos existam incompatibilidades entre os desejos do grupo e do indivíduo, tal contradição faz parte da natureza da sociedade e é muito mais profundo, para o autor, que o conflito de classes a qual seria somente uma das manifestações de tal conflito.

O tamanho da sociedade ou do grupo influi diretamente na quantidade e qualidade dos vínculos sociais. Em comunidades pequenas, os grupos primários soem coincidir em vários pontos. Por exemplo, membros de uma mesma família que exercem o mesmo trabalho, o que acaba por mitigar as diferenças entre os valores e realidades de casa e do trabalho, por exemplo. Firth faz ainda uma diferenciação entre comunidades pequenas integrais e parciais. A primeira delas, integral, é uma estrutura completa onde seus aspectos não dependem para nada de grupos externos. Assim que o sistema religioso, o sistema de clãs e de parentesco e o sistema político são constituídos com total independência do elemento externo. Já a comunidade parcial depende de alguma forma, de elementos exteriores como o pertencimento a um mesmo clã ou está subordinada a um chefe em comum com outras comunidades.

Portanto, nas comunidades pequenas e pobres, é bastante provável que se acabe por mesclar os aspectos pessoal e econômico. As trocas e intercâmbios se darão muito mais por razões de parentesco ou obrigações que propriamente pelo valor econômico. E assim, aplicar-se-ia ao caso a máxima de Maine[156], Segundo a qual as relações tendem a estabelecer-se mais pelo *status* que por contrato.

O autor entende por comunidade humana um grupo de pessoas que compartilha atividades comuns e ligadas de tal maneira que os indivíduos, para lograr seus objetivos pessoais, necessitam obrigatoriamente colaborar com outros. Esta comunidade, para Firth, soe ocupar um local determinado onde convivem em comum e mantém um contato regular.

Outra das interessantes definições de Firth é sobre as mudanças estruturais. Sempre que existe uma mudança estrutural é porque, certamente, no quadro anterior havia alguma falha capaz de gerar dificuldades para uma parte significativa do grupo social. A mudança pode ocasionar dois efeitos: a convexão social ou a transmissão social. O processo de convexão dá-se quando alguns integrantes do grupo mudam suas pautas sociais. É possível que outros indivíduos sigam a tendência por estarem de acordo, por imitação ou por ressentimento. Já a transmissão ocorre quando alguns integrantes adotaram alguma inovação cujas consequências são imprevisíveis e com as quais deverão se acostumar. Tais processos de mudanças podem ser desencadeados desde dentro da comunidade ou ser estimulados desde fora.

Firth, por sua formação e interesses, acabou sempre dando extremado valor aos aspectos econômicos e utilizou por diversas vezes o termo "antropologia econômica". Neste sentido, assevera

---

[156] MAINE, [1900?].

o autor que ao antropólogo cabe interessar-se pela estrutura e organização da atividade econômica e a maneira como influem nas pautas sociais e culturais. Aliás, para o autor, o antropólogo depara-se com sistemas econômicos dos mais distintos, desde os mais simples até os mais complexos onde as pautas culturais e econômicas apresentam relações de dependência. Além disso, o antropólogo também enfrenta a dificuldade de lidar, por vezes, com sistemas econômicos onde ausente o dinheiro e ausente a quantificação de valores. Para Firth, a maioria das relações sociais revela uma faceta econômica, ainda que representada pela simples opção em acudir ou não a uma celebração social quando se estaria economizando tempo e energia.

Analisando sociedades fundadas no campesinato, Firth comenta que o trabalho pode ser executado não por um salário, mas, quiçá, somente pela participação nas ganâncias, pelo parentesco ou pela lealdade devida a um chefe determinado. A produção é somente uma das muitas facetas da relação social. Portanto, nestas comunidades, as relações econômicas dependem sobretudo do status e das relações sociais do indivíduo e os meios econômicos tendem a ser traduzidos em fins sociais. O contraste com a sociedade ocidental é total já que o campo econômico e o social-afetivo não deveriam se mesclar.

No sistema de uma sociedade camponesa, cada um deverá atuar segundo impõe seu status social naquela comunidade. Para não perder os benefícios que o mesmo status lhe reserva, o indivíduo deve executar com diligência as obrigações que lhe incumbem. O pertencimento ao grupo aporta incentivos para que queira trabalhar. Tal circunstância, para Firth, revela o imperativo moral que possui a atividade econômica, já que por trás das tarefas que o indivíduo realiza está um sistema de regras morais que lhe impelem a realizar ditas atividades. Assim que o trabalho realizado e a paga recebida trazem implícita uma relação de justiça e de equilíbrio não importando apenas o aspecto econômico. No mesmo sentido, algumas atividades, classificadas pelo autor como "serviços pessoais[157]" merecem um pagamento extra, não porque a pessoa que paga espere receber um melhor tratamento ou porque entenda moralmente correto e sim para satisfazer a opinião alheia, inclusive daqueles que recebem a "gorjeta". Para o autor, as relações econômicas descansam sobre cimentos morais muito mais do que soemos acreditar.

O autor também faz uma longa consideração sobre as proibições relacionadas com a usura e a diferenciação entre o dinheiro que se investe e cujo investidor ganhará ou perderá conforme o sucesso da empresa e a certeza dos ganhos praticada na usura. A melhor maneira de empregar o capital é quando este coopera com o trabalho na forma de sociedades mercantis. O autor também cita as festas de *potlach*, para ele em princípio irracionais, mas que também pretendem obter benefícios materiais e imateriais futuros. Se a atividade econômica está subordinada aos ideais sociais, é através destes últimos que se poderá chegar ao âmago dos primeiros.

Ao contar aspectos de seu trabalho de campo em *Tikopia* o autor detalha a forma com que os habitantes insulares tratavam a amizade com o observador estrangeiro. Para eles, a base natural para a amizade com o forasteiro era o interesse material. Desta forma, esperavam e exigiam recompensas materiais do autor sempre que possível.

Em relação a ação coletiva, o autor pontua que os diferentes critérios de valor para os comportamentos ajudam a demarcar um grupo e servir de base para a atuação conjunta. Por isso, o sistema moral está conectado com a organização social. O grupo ou clã

---

[157] FIRTH, Raymond. **Elementos de antropología social**. Buenos Aires: Amorrortu, 1971. p. 161

segundo Firth, utiliza-se de totens ou símbolos pois é assim que seus integrantes conseguem construir uma imagem mental do grupo. O símbolo ou totem torna-se assim a própria imagem do grupo, representando-o para seus integrantes e para a comunidade externa. Tal conceito é aplicável também a questão da categoria profissional que se personifica através de um sindicato. A categoria profissional necessita uma nomenclatura e algumas pautas de conduta, de linguagem e de atuação para que possa fazer uma ideia de si mesma e transmitir tal ideia aos elementos externos.

Firth também conceitua a estrutura social como o conjunto de relações necessárias para manutenção da sociedade. além disso, pontua serem importantes as relações ideais em qualquer formulação sobre a estrutura social, contudo tais relações não são a estrutura social. O autor também contempla a noção de estrutura social como modelo e adota as concepções de modelo oriundas dos economistas, é uma reconstrução deliberada, simplificada e desviada da realidade para contemplar um ou vários fenômenos[158].

---

[158] KORSBAEK, Leif. **Raymond Firth: La Organización social y el cambio social**. Iberóforum. Revista de Ciencias Sociales de la Universidad Iberoamericana [en linea] 2010, V (Enero-Junio) : [Fecha de consulta: 6 de junio de 2016] Disponible en:<http://www.redalyc.org/articulo.oa?id=211014857008>

13 O MATERIALISMO CULTURAL

Para realizarmos uma aproximação ao materialismo cultural utilizaremos dois dos principais autores desta corrente do pensamento antropológico e duas das principais obras condutoras desta linha do pensar. Trata-se de Maurice Godelier e sua obra *"Economia, Fetichismo y Religión en las Sociedades Primitivas"* e Marvin Harris em sua obra "Materialismo Cultural[159]".

Poder-se-ia resumir o materialismo cultural como uma espécie de amálgama entre o materialismo histórico de cunho marxista, a antropologia ecológica e o evolucionismo social. Fez-se necessário, ao menos para Harris, distinguir os pontos de vista *emic* e *etic* no desenvolvimento de sua teoria, bem como ressaltar a importância e equivalência entre os termos[160].

Começaremos pela obra de Harris para tentar explicar o materialismo cultural. Para Marvin Harris, o materialismo cultural

---

[159] HARRIS, Marvin. **Materialismo Cultural.** Madrid: Alianza, 1985.
[160] BARFIELD, Thomas. **Diccionario de Antropología**. Barcelona: Bellaterra, 2001.

ANTONIO AUGUSTO BONATTO BARCELLOS

é uma estratégia de investigação, um modo distinto de abordar o problema de estudo. Harris se posiciona contrariamente à simples recopilação de dados sobre o objeto de estudo como forma de gerar axiomas válidos e úteis cientificamente. Para o autor, é necessário, também, uma teoria que guie a interpretação dos dados obtidos. Além disso, Harris ressalta que a ciência sempre consistiu em um equilíbrio entre empirismo e racionalismo, entre indução e dedução, tentar exacerbar o protagonismo de um ou de outro e tentar separá-los, desvirtuaria o trabalho científico. Neste mesmo sentido está Comte[161], o qual dizia que, para a observação de quaisquer classes de fenômenos, é necessária a guia inicial e final de alguma teoria.

É nos primeiros capítulos que Marvin Harris faz a distinção entre *emic* e *etic*. O primeiro autor a introduzir tais termos foi o linguista Kenneth Pike[162] e a distinção provém efetivamente da linguística. O termo *phonetic* é utilizado pelos filólogos para descrever os sons baseados em uma lista de movimentos e órgãos que produzem as ondas sonoras. Por outro lado, *phonemic*, utiliza-se para designar as distinções entre os sons realizadas pelos nativos de maneira quase inconsciente e não científica.

Harris nos oferece a concepção dos termos adequada ao estudo antropológico. A visão *emic*, derivada do inglês *phonemic*, é aquela que coloca o nativo como principal julgador das descrições e análises feitas sobre fatos culturais. Os enunciados de tipo *emic* podem ser entendidos, ter sentido e ser apropriados na visão do próprio nativo. Já a visão *etic*, também do inglês *phonetic*, é aquela própria do observador e não do nativo, os enunciados soem ser adequados para a formulação de teorias. Nesta visão

---

[161] COMTE, Auguste. **Curso de Filosofía Positiva**. Madrid: Aguilar, 1973.
[162] PIKE, Kenneth. **Language in relation to a unified theory of the structure of human behavior**. Paris: Mouton, 1967.

provavelmente o nativo não concordará ou entenderá o significado das expressões e interpretações.

Entramos agora na descrição de princípios teóricos do materialismo cultural explicados por Harris. O materialismo cultural rege-se por razões de *"índole práctica y terrenal*[163]*"* e procura romper com as abstrações de origem hegeliana. A teoria de Harris divide os rasgos culturais em infraestrutura, estrutura e superestrutura.

A infraestrutura, formada pelos modos de produção e reprodução é o aspecto predominante e que orienta os demais aspectos da estrutura e superestrutura. A grande ameaça de desordem para o materialista cultural provém de aspectos econômicos que impactam na distribuição do trabalho e seus produtos entre os indivíduos.

Harris[164] nos oferece uma lista para exemplificar as estruturas sociais:

---

[163] HARRIS, 1985. p. 68
[164] Adaptado de HARRIS, 1985. p. 68/69

Modo de produção					
Tecnologia de subsistencia	Relações técnico-ambientais	Ecossistema	Pautas de trabalho		**INFRAESTRUTURA**
Modo de reprodução					
Demografia	Pautas de pareamento	Fecundidade Natalidade e Mortalidade	Controle médico das pautas demográficas	Anticoncepção aborto e infanticídio	
Economia Doméstica					
Estrutura familiar	Divisão do trabalho doméstico	Socialização enculturação e educação domésticas	Papéis sexuais e geracionais	Disciplina, hierarquia e sanções domésticas	**ESTRUTURA**
Economia Política					
Organização política, facções, clubes, associações e corporações	Divisão do trabalho, esquemas fiscais e tributários	Socialização enculturação e educação políticas	Classes, castas, hierarquias urbanas e rurais	Disciplina, controle policial-militar e guerra	
Superestrutura de Conduta					
Arte, música, dança, literatura propaganda	Rituais	Esportes, jogos, passatempos	Ciência		**SUPER-ESTRUTURA**

O núcleo principiológico do materialismo cultural, segundo Harris, já havia sido antecipado por Marx, na medida em que acredita não ser a consciência dos homens que determina seu ser e sim seu ser social que determina sua consciência. Em outras palavras, o modo de produção determina outros aspectos da vida social, política e espiritual. O conceito proposto por Harris é o seguinte: *"Los modos de producción y reproducción conductuales etic determinan probabilísticamente, las economías domésticas y política conductuales etic, que a su vez determinan las superestructuras conductual y mental emic.*[165]*"* O próprio autor resume tal princípio chamando-o de determinismo infraestrutural.

E por quê a infraestrutura? Harris responde a questão a partir das leis que regem a sobrevivência e reprodução humanas. Segundo ele, os seres humanos necessitam consumir energia para obter energia e possuem uma capacidade maior de produzir crianças que capacidade para obter energia para eles. Estas leis são imutáveis e, por isso, os seres humanos estão obrigados a buscar um equilíbrio entre reprodução e produção/consumo de energia. A infraestrutura é a zona que representa a inter-relação entre natureza e cultura e as pautas socioculturais adotadas buscam superar ou modificar as restrições ecológicas, químicas e físicas.

Para Harris, três fatores foram determinantes para a evolução cultural: o aumento da oferta de energia, incremento da produção e crescimento demográfico. Para explicar a ausência de um crescimento demográfico importante no neolítico, por exemplo, Harris sugere que uma das forças determinantes da pré-história foi o controle de natalidade a partir de métodos como a agressão à gestante com métodos abortivos traumáticos, o infanticídio (especialmente o feminino) e o descuido nutricional seletivo para com as meninas e adolescentes do sexo feminino. Para o autor, o aspecto da produção mais importante é o da reprodução, o qual também pode ser chamado de produção de seres humanos.

Harris não descuida de afirmar a interdependência entre infraestrutura, estrutura e superestrutura. Reconhece o autor que uma mudança em qualquer um deles pode modificar os demais,

---

[165] HARRIS, 1985. p. 72

mas não abre mão da prevalência da infraestrutura como motor indutor de tais mudanças. Não seria incorreto dizer que a estrutura e superestrutura representam o resultado final de uma contínua alimentação e retroalimentação com predomínio da infraestrutura.

A passagem quase generalizada e simultânea em diversos locais do globo, da caça/recoleção para a agricultura certamente deveu-se ao melhor custo-benefício desta última com relação à primeira. Some-se à isso, as mudanças climáticas que marcaram o início do atual período interglacial. Harris aponta o florescimento da arte em sítios arqueológicos como Çatal Huyuk e Jericó como sugestão da eficiência obtida pelas sociedades quando empregavam agricultura e pecuária, muito superior ao dos caçadores-recoletores.

Harris também atribui ao maior benefício material a criação de chefaturas, precursoras dos estados. A existência de um chefe influencia a produção de três maneiras: intensificam a produção; servem para promover uma redistribuição dos excedentes agrícolas e das mercadorias; por último, servem também para, em torno ao chefe, organizarem-se expedições comerciais e militares.

O surgimento do estado segue uma lógica parecida a partir da tríade intensificação-redistribuição-guerreiros até uma clara diferenciação entre a classe dirigente e a classe dirigida. Essa diferenciação foi aceita e inclusive desejada pela classe dirigida que não se importava, segundo Harris, em perder sua independência em troca de participar nas redistribuições das aldeias mais opulentas. Assim, uma vez instalado tal sistema, forma-se um ciclo vitorioso de amplificação onde o poder da classe governante lhe dá mais capacidade para intensificar a produção, para redistribuir e para ir à guerra. Aos vizinhos só resta sucumbir pela dependência ou pela guerra ou formar o próprio estado.

Harris destaca também a preponderância da infraestrutura no caso das maiores religiões mundiais. Para o autor, o triunfo do confucionismo, taoísmo, budismo, cristianismo e islamismo deve-se à glorificação da pobreza que livrou a classe dominante de proporcionar meios materiais suficientes aos pobres. No mesmo sentido, Harris contraria os postulados da antropologia biológica ao afirmar que o motor da evolução é a luta por aumentar o poder político-econômico e não na luta por alcançar o êxito reprodutor.

Lado outro, Harris destaca as contradições propostas por Hegel e Marx. Para Hegel a contradição não produz um retorno ao *status quo* anterior. A negação da negação forma parte de um grande processo de desenvolvimento que conduz ao encontro da consciência humana com o "espírito mundial". Para Marx, a contradição do capitalismo consiste em que, na busca incessante por benefícios que leva o empresário a substituir o trabalho humano por máquinas, o que acaba por diminuir os níveis de lucros já que o lucro se obtém a partir da exploração de pessoas e não de máquinas. Ou, por outro lado, para aumentar a rentabilidade, explora-se mais a mão de obra e diminui-se o poder de compra da classe trabalhadora retraindo o mercado consumidor. Para Harris, tais sugestões do materialismo dialético são insuficientes para explicar a realidade.

O idealismo, do qual se apropriou Lênin, servia para justificar sua visão de mundo. Se o capitalismo cria o proletariado este estaria destinado a expropriar os expropriadores e a criar um novo modelo de sociedade sem classes. A negação da negação teria de acontecer. Harris rechaça a dialética ao preferir uma ciência objetiva do social em oposição às formas de misticismo político e religioso. Neste sentido, Harris destaca que a eliminação da exploração nunca será alcançada em uma sociedade que subverte a lógica empírica e operacional por razões de conveniência política. Neste contexto, é impossível saber o que soemos chamar de democracia, é uma forma de liberdade ou apenas uma nova forma de exploração.

Pelos mesmos motivos já elencados, Harris repudia o idealismo psicológico, próprio da escola cultura e personalidade. Se a psique individual prima sobre a infraestrutura, jamais seremos capazes de formulações nomotéticas da evolução sociocultural. Portanto, a personalidade não pode ser o fator determinante das mudanças socioculturais segundo Harris. O mesmo vale para a fenomenologia que prega a subjetividade dos significados que exigiria uma incursão subjetiva no pensamento nativo e portanto, distinta em cada caso particular.

Para encerrar este breve resumo do materialismo cultural segundo Harris concordamos com a sua crítica do sistema estabelecido. Segundo o autor, a verdade é aquilo que se consegue persuadir as pessoas a acreditar. Fazer com que acreditem é então o requisito básico para submeter. Para o autor, quando a verdade não pode ser induzida ela é imposta e, portanto, as verdades criam-se e recriam-se várias vezes durante o embate.

O materialismo cultural também encontra outro forte expoente na figura de Maurice Godelier[166]. O autor realiza, logo de início, uma análise crítica das contribuições de Marx e Engels. Para ele, segundo Marx e Engels em *"La ideologia Alemana*[167]*"*, há o descobrimento de uma lei social, qual seja, que o fundamento último da vida em sociedade repousa sobre as formas e estruturas dos diversos modos de produção. A partir de então os povos que realizam trabalhos em comum e que em comum possuem a terra passam a ser o ponto de partida da evolução das sociedades. Este

---

[166] GODELIER, Maurice. **Economía, Fetichismo y Religión en las Sociedades Primitivas.** Madrid: Siglo XXI, 1978.
[167] MARX, K. e ENGELS, F. **La ideología Alemana: crítica de la novísima filosofía alemana en las personas de sus representantes Feuerbach, B. Bauer y Stirner y del socialismo alemán en las de sus diferentes profetas.** Barcelona: Grijalbo, 1972.

tipo de sociedade tem o parentesco como fio condutor das relações entre seus membros.

Godelier afirma que a grande capacidade de teorizar de Marx e Engels lhes permitiu incorporar as teorias de Morgan já no último quartel do Século XIX. O oferecimento de várias vias de evolução, desde o comunismo primitivo até o Estado, fizeram de *"El orígen de la família, la propiedad privada y el Estado"* um dogma até hoje por muitos reivindicado.

Outro ponto que faz cair por terra as teorias de Morgan e Engels diz sobre a evolução dos sistemas de parentesco. Para os dois mencionados autores, a evolução dos sistemas de parentesco seria pautada pela seleção natural onde atuaria com força o componente biológico, favorecendo aqueles grupos que mantiveram relações exógamas. No entanto, pontua Godelier que os sistemas de parentesco são de ordem principalmente social e não biológica. Como já vimos em Lévi-Strauss, o sistema de parentesco baseia-se em formas de proibição sexual e conjugal e não em regras biológicas até hoje não comprovadas pelas ciências da saúde.

Era impossível, quando escrevia Godelier, e segue sendo hoje, retomar os postulados Marxistas do século XIX porque foram fundados em teorias evolucionistas que também já caíram em desuso. Parece ser lógico que ao ruir a base, todo o edifício desmoronará.

De outra banda, Godelier aponta que a moderna Antropologia confirmou não existir uma relação mecânica entre o desenvolvimento das forças produtivas e o desenvolvimento das desigualdades sociais. Entretanto, a competição social nas sociedades primitivas e nas sociedades de classes, oferece um grande incentivo para o aumento da produção e a existência de excedentes.

A desigualdade social, comenta Godelier, somente é justificada pelos serviços prestados à comunidade por aquele que exerce um papel central. Falando em sociedades primitivas, o chefe presta um serviço à comunidade, incentiva a produção, redistribui os excedentes e, portanto, recebe uma maior fatia da produção. Essa desigualdade, é, portanto, benéfica para a comunidade. Para Godelier, a afirmação de Marx e Engels que na base de toda supremacia política está o exercício de funções sociais relevantes é atual e serve para propor uma teoria sobre o surgimento da desigualdade e o surgimento do Estado. Ou seja, para Marx, segundo Godelier, a desigualdade protege os interesses das comunidades primitivas e constitui um fator essencial do progresso.

Resta assinalar a característica do "modo de produção asiático" que seria uma transição entre uma sociedade sem classes às sociedades de classes. Este modo de produção combina e une relações de produção e organização social das sociedades de classes e sem classes. No entanto, tal transição é específica já que a exploração de classes ocorre sob a forma de propriedades comunitárias da terra e dos meios de produção.

Ainda detalhando o pensamento de Marx e Engels, Godelier afirma que a competição, no seio de comunidades primitivas, começa para além da esfera da produção e acesso aos bens básicos de subsistência. Ou seja, a competição, nas comunidades primitivas, não ameaça a sobrevivência. No entanto, promove-se a competição ao redor de determinados bens escassos que dão acesso às mulheres e à autoridade. Tal competição, assegura o respeito e observância de diversas pautas sociais que conformam aquela sociedade em especial, assegurando a sobrevivência do modo de vida daquele grupo.

Por isso, para Godelier, deve-se refutar a tese de que a economia das sociedades primitivas era somente uma economia de subsistência já que havia a produção de algum tipo de excedente destinado a regular as pautas sociais. Por outro lado, a produção do excedente não conduz automaticamente ao aumento das forças produtivas.

É necessário investigar a origem das classes sociais através da análises das sociedades sem classes e das primeiras sociedades de classes. Somente assim seria possível descobrir a lógica oculta das relações sociais e entender alguns comportamentos que nos parecem absurdos. Nas sociedades primitivas, Godelier afirma que o parentesco exerce o papel simultâneo de infraestrutura e superestrutura, pois pauta as relações de produção, reprodução, esquema político e ideológico.

Godelier também realiza algumas afirmações de antropologia econômica, uma delas é responsável por derrubar o mito de que, nas sociedades primitivas, os indivíduos viviam para prover sua subsistência. Segundo o autor:

> *"parece ser que el desarrollo de la agricultura condujo a la prolongación de la jornada de trabajo y la cantidad de trabajo anual necesário para la producción y reproducción de las condiciones materiales de existencia de la sociedad.*[168]*"*

Godelier também faz anotações interessantes sobre algumas contribuições de Polanyi[169]. Estas são sobre os mecanismos de integração social capazes de garantir a produção e reprodução de

---

[168] GODELIER, 1978. p. 63
[169] POLANYI, Karl. **Primitive, archaic and modern economies**. New York: Doubleday, 1968.

bens materiais apontados como de três tipos. O primeiro deles corresponde às sociedades onde o parentesco representa um papel dominante e onde a reciprocidade é o principal mecanismo de integração. O segundo é o mecanismo de redistribuição, que ocupa um papel central naquelas sociedades regidas por um forte poder central onde há uma concentração dos bens para depois redistribuí-los. Por fim, está o princípio de mercado, base da integração nas sociedades capitalistas onde, para adquirir algo, deve-se vender algo.

Ainda assim, Godelier fala de outra distinção, na qual concorda com Polanyi, sobre os sistemas embutidos e livres. Os sistemas econômicos podem estar embutidos no funcionamento de estruturas sociais de base não econômica como as relações de parentesco ou político-religiosas. Já o sistema mercantil é considerado como independente e livre das amarras das demais relações sociais regulando-se a si mesmo. Godelier também nos oferece seu próprio conceito de modo de produção:

> *"un modo de producción, en un sentido amplio, es un conjunto doble de estructuras sociales, compuesto, por una parte, por fuerzas productivas y relaciones de producción que organizan, en el seno de una sociedad determinada, los procesos de producción y distribución de los bienes materiales (modo de producción en sentido restringido), y, por otra parte, por las relaciones sociales políticas, jurídicas e ideológicas que corresponden a esas formas de producción y constituyen una parte de las condiciones de su reproducción.[170]"*

Todo processo de produção, para Godelier, é um ato de apropriação da natureza pelo homem o qual necessita combinar três espécies de atividades. A primeira delas é o objeto de trabalho

---

[170] GODELIER, 1978. p. 71

que entra em transformação, seja ele a própria terra ou outra matéria prima. A segunda são os meios de trabalho consubstanciados nas ferramentas ou utensílios utilizados. A terceira é a espécie de trabalho realizado pelo homem. O trabalho pode ser individual ou coletivo e em todos os casos é realizado dentro de uma divisão social do trabalho que poderá estar baseada na existência de classes ou castas de produtores especializados. Todas as formas de divisão do trabalho implicam, para Godelier e falando sobre as sociedades primitivas, alguma forma de divisão sexual e generacional do trabalho. Quando se nota a especialização de uma sociedade em determinada atividade, tal especialização sinaliza a existência de uma divisão inter-étnica, inter-tribal ou internacional do trabalho.

Godelier também insiste no primado da infraestrutura para a conformação social. Para ele, o modo de produção limita e exige a compatibilidade das estruturas sociais. No entanto, essa adaptação das estruturas sociais ao modo de produção pode ser conseguida de diversas maneiras. Como apontava Malinowski, entre os habitantes de Trobriand, os recursos naturais eram propriedade comum, enquanto alguns instrumentos, como por exemplo as canoas, eram propriedade individual. Godelier afirma que o fundamento do direito do homem ao uso dos recursos naturais (e não sua propriedade) se dá enquanto membro daquele grupo. Contrapõe-se essa ideia ao postulado geral de que o trabalho sobre algo, nesse caso, a terra, dá direitos àquele que lá trabalhou.

Sobre o parentesco, Godelier afirma que o mesmo deixa de ser importante para o processo de produção. O casal passa a ser somente uma unidade de consumo e a produção acontece em locais completamente separados da organização familiar. Além disso, é fato que a força de trabalho tornou-se uma mercadoria e é responsável direta da circulação dos fatores de produção em um mercado único e os torna objeto de quantificação monetária.

Godelier opõe-se ao que chama de materialismo vulgar e contesta a explicação de Marvin Harris sobre a sacralização das vacas na Índia. Para Godelier, este tipo de explicação tende a reduzir todas as relações sociais a meros acessórios das relações econômicas que, por sua vez, seriam apenas a adaptação ao meio natural. O autor pontua que, com uma sociedade que existe e funciona, é fácil encontrar, mediante tautologias, vantagens econômicas para determinadas pautas sociais.

Segundo o autor, existem relações de ordem entre os diversos níveis estruturais da sociedade e essas relações de ordem fazem com que a base material da sociedade esteja influenciada pelas propriedades de outros níveis. A relação entre as características do modo de produção deveria ser representada da seguinte maneira, para Godelier[171]

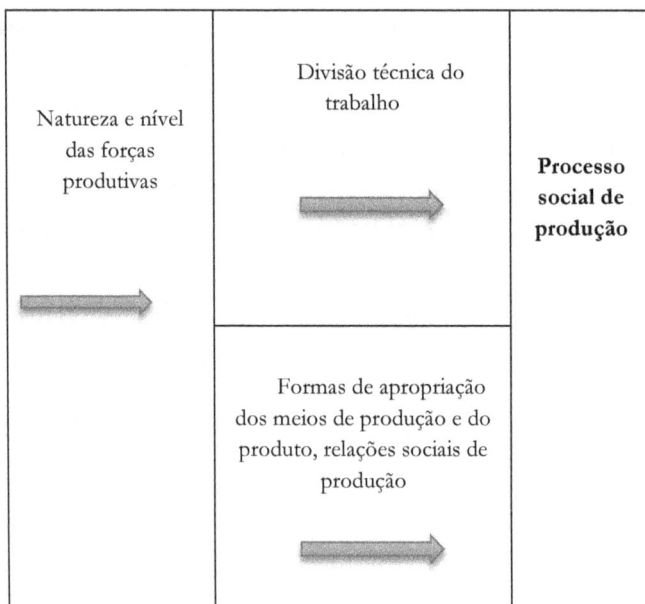

| Natureza e nível das forças produtivas ⟶ | Divisão técnica do trabalho ⟹ | Processo social de produção |
| | Formas de apropriação dos meios de produção e do produto, relações sociais de produção ⟹ | |

---

[171] Adaptado de Godelier, 1978. p. 248.

Godelier também dá uma definição de trabalho não especializado que seria aquele onde o trabalhador pode ser substituído por qualquer outro dentro dos limites da divisão sexual. A magia do dinheiro consiste em ser a medida para equivalência de todas as coisas e principalmente, por ser a encarnação de todo o trabalho humano existente. O dinheiro na forma de capital seria um mediador da relação social entre pessoas.

Como se pode notar, a questão do modo de produção está intimamente relacionada com aspectos da divisão do trabalho. A existência de profissões, de conselhos profissionais, de largos cursos de formação e de associações dedicadas exclusivamente à defesa e representação das classes profissionais revelam a grande importância deste aspecto na organização social moderna e pós-moderna. A análise materialista cultural coloca o trabalho e suas divisões como eixo central da vida social.

14 ANTROPOLOGIA SIMBÓLICA/HERMENÉUTICA

A antropologia simbólica/hermenêutica, apesar de já remontar aos anos 70, é uma das mais recentes escolas consolidadas de antropologia. Na verdade, os autores produziram, em nosso entender, uma mudança nos paradigmas antropológicos. De outro lado, talvez a antropologia hermenêutica (a partir de agora a chamaremos apenas assim) talvez seja aquela corrente que mais pode contribuir para uma melhor aproximação entre direito e antropologia. Os últimos anos, no Brasil, têm demonstrado a utilização da hermenêutica jurídica como técnica de exercício de poder e do ativismo judicial que passou a reger a vida nacional brasileira em detrimento dos poderes legislativo e executivo.

A análise do livro começa melhor se iniciamos pelo segundo capítulo e depois voltarmos ao primeiro. Neste capítulo, Geertz faz a contribuição para a organização dos conceitos e da posição da cultura na evolução da espécie humana, adotando concepções diferentes daquelas classificações evolucionistas próprias do Século XIX. O pensamento científico da cultura sempre procurou o que é o homem e ordenar a complexidade existente. Até hoje não se chegou a um consenso sobre onde estaria a linha divisória entre o que é universal e constante no homem e aquilo que é local e variável. O embate entre o relativismo cultural e o evolucionismo continua presente. Por um lado, corre-se o risco de desprezar as diferenças culturais como apenas estágios e, por outro, como produtos do acaso e que o homem é moldado exclusivamente pelo determinismo ambiental e histórico.

Segundo Geertz, várias foram as tentativas de localizar o homem no conjunto dos seus costumes. O autor afirma que todas elas adotaram uma estratégia que divide o homem em níveis: biológico, psicológico, social e cultural. Cada um desses níveis seria completo em si mesmo e reforçaria aquele superposto. Assim, seria possível despir o homem em camadas dos diversos níveis ressaltando a cultura como o único aspecto exclusivo dos homens. A partir de então, começou uma procura por constantes culturais presentes nos costumes mundiais como forma de apontar certos traços essenciais e comuns à toda humanidade. Para Geertz, sempre que se pretende generalizar algum aspecto é necessário defini-lo de maneira tão ampla que a força se perde completamente. Ainda, não se pode afirmar que as instituições servem apenas para um propósito biológico ou psicológico, por exemplo, como o casamento não é mero reflexo da necessidade de reprodução.

Geertz propõe, acertadamente a nosso ver, um conjunto de mecanismos de controle para governar o comportamento. Para o autor, o homem é o animal mais necessitado e dependente de tais mecanismos de controle extragenéticos para coordenar seu comportamento. O fato de o homem ser extremamente adaptável ao ambiente e possuir uma plasticidade de condutas bastante elevada significa também dizer que o homem não possui mecanismos de resposta e de apoio gravados em seu material genético. As orientações emanadas pelo sistema genético são difusas e permitem ao homem aprender e viver milhares de possíveis combinações. No entanto, a cultura nos conduz a que vivamos apenas uma dessas dentre milhares de possibilidades. A cultura é, portanto, não apenas o que ordena a existência humana, mas uma condição para a mesma e sua principal distinção com relação às demais espécies.

Com base em tal perspectiva, Geertz realiza uma crítica à forma como tradicionalmente tem-se abordado a relação entre biologia e cultura. Para ele, faz-se necessário assumir três premissas básicas dessa relação. Primeiro, é necessário refutar a afirmação de que o desenvolvimento da cultura começou apenas com o surgimento da espécie *homo sapiens*, em outras palavras, que há uma relação sequencial entre o desenvolvimento biológico e cultural, o primeiro como pressuposto do segundo. Em segundo lugar, que a maior parte das mudanças que diferenciam o homem moderno dos seus antepassados imediatos ocorreram no cérebro e no sistema nervoso central e, em terceiro lugar, que o homem é, em termos físicos, um animal inacabado, pois necessita aprender uma grande quantidade de coisas antes de poder funcionar em sua plenitude.

No que tange ao primeiro argumento relatado por Geertz, o autor afirma que parece nunca ter existido, efetivamente, um momento mágico no qual o *homo sapiens* passou a produzir e transmitir padrões culturais. Tal momento foi resultado de uma longa e ordenada sequência que envolveu, inclusive, outras espécies do gênero *homo* além do *sapiens*. Geertz afirma que houve uma superposição de aproximadamente um milhão de anos entre o início da evolução cultural e o aparecimento do gênero *homo* (a partir da constatação de ferramentas junto aos *Australopitecíneos*). Tal fato indica, para o autor, que a cultura foi parte fundamental da evolução biológica do gênero que culminou com nossa espécie e não foi um ingrediente acrescentado a uma espécie já acabada. O crescimento lento da cultura na era glacial gradualmente foi trazendo vantagens adaptativas aos indivíduos mais capazes. Ou seja, para o autor, a relação entre cultura, corpo e cérebro era (e continua sendo) um sistema de *feedback* positivo no qual um modelava o progresso do outro. Para Geertz, em resumo, o homem criou-se a si mesmo, ou, ao menos, contribuiu substancialmente para sua evolução biológica e cerebral.

Tal constatação também leva a uma segunda: a de que não existem homens fora da cultura. Não existe a natureza humana sem cultura, o homem necessita de padrões culturais para sua existência. Nosso cérebro é incapaz de guiar nossa existência sem o apoio de símbolos significantes, existe um hiato entre o que diz nosso corpo e o que devemos saber para funcionar e esse hiato deve ser preenchido com as informações fornecidas por nossa cultura. Os homens são, segundo o autor, artefatos culturais.

No entanto, as afirmações produzem o paradoxo de ter de defender a relação entre desenvolvimento cultural e capacidade psíquica no período prévio ao *Homo Sapiens* com a necessidade de afirmar a unidade psíquica da humanidade no período atual. O autor resolve o problema defendendo a ideia de que o tempo das análises da progressão da cultura deve ser reduzido. Como, por exemplo, quando comparamos os chimpanzés com os homens. Os chimpanzés não são verdadeiros antepassados do homem, tivemos com tal espécie um último antepassado comum há vários milhões de anos e, por isso, não podemos presumir que saltamos da condição de chimpanzés à condição de humanos como um passe de mágica evolutivo. Lado outro, desde o surgimento da espécie *Homo Sapiens*, os limites em que a espécie varia em todos os cantos do globo são muito estreitos, o que permite reafirmar a unidade científica da humanidade.

A conclusão do autor é a de que os recursos culturais são ingredientes e não acessórios do pensamento humano. Efetivamente, mesmo aquilo que chamamos de emoções são efetivamente artefatos culturais. Para saber como nos sentimos com relação às coisas necessitamos de imagens públicas de sentimentos que são regularmente fornecidas pelo ritual, o mito e a arte.

Como já mencionado em outros tópicos relativos a outras escolas antropológicas, é impossível e seria despropositado, analisar todos os autores de determinado assunto. Optamos, no presente tópico, por tratar de três autores por nós considerados como fundamentais desta corrente de pensamento: Clifford Geertz, Mary Douglas e Victor Turner. Começaremos com uma breve análise das contribuições de Geertz[172] em sua obra "A Interpretação das Culturas".

O primeiro capítulo da obra é talvez um dos textos antropológicos de maior influência das últimas décadas e trata do modo de descrever e interpretar antropológico. A "descrição" densa proposta por Geertz foi encampada também por DaMatta[173] que a exalta:

> *Uma dedução possível, entre muitas outras, é a de que, em antropologia, é preciso recuperar esse lado extraordinário e*

---

[172] GEERTZ, Clifford. **A Interpretação das Culturas**. Rio de Janeiro: LTC, 2012.
[173] DAMATTA, Roberto. Relativizando: Uma Introduçao à Antropologia Social. Rio de Janeiro: Rocco, 2011. p. 255 e 256.

estático das relações entre pesquisador/nativo. Se este é o lado menos rotineiro e o mais difícil de ser apanhado da situação antropológica, é certamente porque ele se constitui no aspecto mais humano da nossa rotina. É o que realmente permite escrever a boa etnografia. Porque sem ele, como coloca Geertz (1978), manipulando habilmente um exemplo do filósofo inglês Ryle, não se distingue um piscar de olhos de uma piscadela marota. E é isso, precisamente, que distingue a "descrição densa" – tipicamente antropológica – da descrição inversa, fotográfica ou mecânica, do viajante ou do missionário.

Geertz também exalta a necessária contenção do conceito de cultura para que o mesmo adquira uma dimensão justa e não se dilua como aquilo que é tudo e, ao mesmo tempo, não é nada. O conceito de cultura defendido por Geertz é o de "teias de significados e sua análise.[174]"

A piscadela, acima referida por DaMatta, é o exemplo utilizado por Geertz para explicar o que seria a "descrição densa". O ato onde, em um grupo de pessoas, alguém pisca para a outra, pode ser explicado de várias formas. No entender de Geertz, do ponto de vista do corpo humano, o movimento é um só, a contração de músculos de algum dos olhos que ocasiona o cerre da pálpebra. No entanto, a piscadela pode ser oriunda de um tique nervoso ou uma piscadela conspiratória, daquelas que indicam a presença de uma trama secreta entre o piscador e aquele ou aqueles para quem piscou. Segundo o autor, a diferença entre ambas as coisas é enorme e, no entanto, não pode ser entendida sem uma descrição densa, que capte e interprete a simbologia envolvida no ato do piscar de olhos. Geertz ressalta que quem piscou, além de contrair a pálpebra, também piscou, ou seja, realizou um ato deliberado, destinado a alguém em particular para transmitir uma mensagem

---

[174] GEERTZ, 2012. p. 4

específica segundo um código socialmente estabelecido e sem o conhecimento dos demais. Por isso, aquele que realiza a piscadela, além de contrair as pálpebras, também piscou, diferentemente do que possui um tique nervoso que somente contraiu a pálpebra sem outro significado especial.

Na diferença entre uma descrição superficial e a descrição densa, entre a contração da pálpebra e a piscadela conspiratória, está o objeto da etnografia. Esse contínuo de estruturas significantes, uma descrição interpretativa e uma interpretação descritiva, permite perceber e interpretar as ações humanas. O antropólogo observa e explica, às vezes, explica explicações e interpreta outras interpretações. O texto antropológico necessariamente será uma obra de ficção, interpretações da realidade obtidas de segunda ou de terceira mão (a interpretação nativa seria a de primeira mão). Para Geertz a análise cultural deveria ser uma adivinhação dos significados, com avaliação das conjeturas e das conclusões traçadas a partir das melhores conjeturas.

A etnografia tem como pressuposto ser microscópica, refere-se a determinado grupo, a determinado lugar, a certa época e a circunstâncias específicas. Tal característica torna as interpretações resistentes a modos de avaliação sistemáticos. A abordagem semiótica da cultura auxilia no acesso do pesquisador ao mundo simbólico e conceitual no qual vivem os sujeitos da pesquisa de forma a poder dialogar com eles. Por outro lado, o autor afirma ser necessário manter a análise das formas simbólicas o mais estritamente ligada aos acontecimentos sociais quanto possível. Na interpretação é necessário sempre resistir ao subjetivismo ainda que seja impossível eliminá-lo por completo.[175]

---

[175] GEERTZ, 2012.

Outra das autoras que consideramos como fundamental para a compreensão da antropologia hermenêutica é Mary Douglas. Analisaremos sua obra *Natural Symbols*[176] cujo título já encerra uma contradição, como admitido pela própria autora.

Como vimos, a sociedade vive em um equilíbrio entre natureza e cultura (aqui representada pelo símbolo), por outro lado, o próprio homem tem, há milhares de anos, influenciado na natureza através das adaptações culturais. Na visão anterior de Geertz, este é convicto sobre a atuação do homem na seleção genética e tal tendência parece consolidar-se cada vez mais. Além disso, o homem tem influenciado o ambiente de todas as formas, também influenciando circunstâncias naturais. Por fim, o paradoxo natureza cultura também pode conter a afirmação de que se a cultura é o complemento necessário da ação humana, esta, por sua vez, também seria "natural". Para a própria autora, os símbolos naturais também podem dever-se ao fato de que a psique humana, única, produz similares soluções simbólicas para problemas parecidos. Contudo, admite Mary Douglas, uma simbologia pan-humana e funcional no mundo todo parece ser uma impossibilidade. Para a autora, cada entorno social fixa os limites para suas expressões simbólicas e, justamente por tal motivo, algumas comparações cruzadas podem revelar-se totalmente despropositadas.

A obra da autora busca analisar as distintas maneiras de relação entre a comunidade e os símbolos. O livro foi publicado pela primeira vez na década de 60, auge do movimento hippie e dos milenianistas. Para Douglas, viviam-se tempos de revolta contra o formalismo e contra as formas em geral. O culto ao corpo era uma forma de simbolizar o único "sistema" conhecido que

---

[176] DOUGLAS, Mary. **Natural Symbols. Explorations in Cosmology.** Londres: Routledge, 2004.

realmente funcionava em detrimento da sociedade, tida como algo ineficiente e inoperante.

Douglas considera o ritual como uma forma de comunicação e o define como um série de atos roteirizados que adquirem diferente significado de seu uso corrente. O ritual normalmente é utilizado em antropologia como uma forma de comunicação que refletem as crenças comuns do grupo a despeito das opiniões pessoais ou a ideologia daqueles que praticam o ritual. A razão é que em pequenas sociedades, no universo microscópico da etnografia, o espaço entre os significados privados e públicos não é muito grande e tende a não aumentar tendo em vista a proximidade dos sujeitos.

Ainda, na jurisprudência das sociedades tradicionais, há uma aparente confusão entre lei e moralidade. Não existe lei nem tampouco precedentes escritos, assim, é possível realizar pequenas mudanças nas regras legais para adaptá-las às novas situações morais experimentadas. Para essas sociedades não há contradição, na prática, entre a existência de uma lei divina imutável e pequenas mudanças na lei mundana. A religião cumpre a função de preencher problemas de adaptação e mau-funcionamento psicológicos. Ao passo que, os problemas de adaptação tornam-se menos proeminentes e o ritual e as rotinas deixam de ser observados. As formas públicas de expressão simbólica, entretanto, não podem ser desprezadas, principalmente pelos antropólogos.

A autora utiliza diversas comparações entre sociedades para tentar definir os rasgos gerais de relação com o mundo conforme a visão cosmológica e ritual de cada grupo. Neste caso, em sociedades onde o simbolismo e o ritualismo são fortes, a ideia de pecado envolve atos específicos que não devem ser praticados. Por outro lado, em sociedades onde o ritualismo é débil, o pecado está mais associado a estados internos de consciência do que com atos externos. Para a autora, a percepção e interpretação dos símbolos são determinadas socialmente.

Segundo Douglas, as experiências mais intensas de ritualismo são percebidas em grupos sociais fechados e restritos. A autora rejeita a ideia de que a secularização seja uma tendência moderna atribuível ao crescimento das cidades e progresso da ciência. Para ela, diferentes graus de secularização e ritualismo são encontrados nas sociedades tradicionais pelo que deve-se rejeitar a ideia pré-concebida de que o homem primitivo é profundamente religioso sempre.

O anti-ritualismo extremo seria uma tentativa de erradicar a comunicação através de sistemas de símbolos complexos. A autora apoia-se na obra de Basil Bernstein para discorrer sobre suas impressões acerca dos tipos de comunicação (discursos) existentes. São apresentados dois tipos básicos de discursos: o primeiro é aquele proferido em pequena escala dentro de um grupo onde todos possuem as mesmas acepções iniciais fundamentais. Neste caso, o discurso funciona como reafirmação social e promotor da solidariedade do grupo. Também pode funcionar como forma de controle ademais de forma de comunicação. O segundo tipo é aquele onde os interlocutores não possuem ou assimilam as mesmas percepções iniciais. Nesta hipótese, o discurso funciona como forma de expor as percepções individuais e construir pontes para a compreensão mútua.

Existe, também, um código de comunicação (discurso) super-elaborado que acaba por desvincular-se da estrutura social normal e a exigir que esta passe a ser estruturada conforme o discurso elaborado como é o caso da linguagem científica. Tal tipo de discurso, para Douglas, é produto da divisão do trabalho que exige a especialização e diferenciação social. As conferências dos antropólogos (ou de qualquer outro corpo de profissionais), as normas de publicação e de citação são formas pré-codificadas de interação. Assim, Douglas faz uma crítica a Bernstein[177], que, com sua dicotomia entre códigos de comunicação restritos ou elaborados, estaria no mesmo nível de Durkheim[178] e as solidariedades orgânica e mecânica, ou de Maine[179] entre o *status* e o contrato. Bernstein procurava refletir os efeitos da divisão do trabalho no discurso e nas formas de controle. Segundo o autor, onde os efeitos da divisão do trabalho são mínimos, as formas de discurso e controle fundamentam uma diferente versão de relações familiares.

Com isso a autora afirma que diferentes estruturas sociais geram diferentes tipos de discurso. Além disso, as palavras e o discurso têm perdido importância enquanto forma de comunicação imediata para ser utilizadas em estruturas mais amplas as quais exigem elaboração e complexa codificação.

Os símbolos, para Douglas, são os únicos significantes da comunicação. São as maneiras de expressar valorações, instrumentos do pensamento e reguladores da experiência. No entanto, para funcionar, os símbolos necessitam estar devidamente estruturados e ordenados. Da mesma maneira, um sistema de classificações necessita de um controle estável para manter sua coerência. A existência de uma estrutura faz com que, em determinada situação, exista um pequeno abanico de soluções possíveis, causando pouca confusão psicológica sobre a atitude a tomar.

---

[177] BERNSTEIN, Basil. **Clases, códigos y control. Estudios teóricos para una sociología del lenguaje**. Torrejon de Ardóz: Akal, 1989.
[178] DURKHEIM, 1982.
[179] MAINE. [1900?].

A cosmologia de caça às bruxas normalmente surge em sistemas com limites estreitos e raramente em sociedades nômades e caçadoras-recoletoras. Tal situação pode ser aplicada aos casos de associação e representação compulsória, pouca mobilidade social, elevada burocracia onde, frequentemente, é necessário encontrar culpados para o insucesso ou para as crises cíclicas.

No entanto, a autora alerta para a maneira como as cosmologias nos aprisionam em seus sistemas simbólicos e refuta a teoria da sociedade como infraestrutura e a cultura como superestrutura. Para ela, os códigos elaborados devem incitar os indivíduos a permanentemente questionar seus valores e desenvolver modos pessoais de controle e comunicação. Insistir na superioridade do espírito sobre a matéria é afirmar a liberdade do indivíduo e procurar libertá-lo de constrangimentos indevidos. Já o contrário, seja, afirmar a prevalência da matéria e a necessidade do espírito realizar-se através dela é dizer que o indivíduo é subordinado à sociedade e só encontrará a liberdade nas formas por ela previstas.

Por fim, analisaremos a obra de Victor Turner[180], O Processo Ritual, para completar essa "vista aérea" do que seria a antropologia hermenêutica. O livro de Turner, como soe acontecer, começa com o autor declinando suas percepções sobre os temas mais inquietantes da antropologia como, por exemplo, a questão da unidade psíquica da humanidade. Neste sentido, Turner assevera que a *"vida imaginativa y emotiva del hombre es, en todo lugar y ocasión, rica y compleja"*.[181] Por outro lado, deve-se ter em conta, segundo o autor, que uma mesma estrutura cognitiva

---

[180] TURNER, Victor. **El proceso ritual**. Madrid: Taurus, 1988.
[181] Idem. p. 15

presente em nossas mentes é capaz de articular experiências culturais muito diversas.

Turner realizou estudos junto aos *Ndembu* da África Central, os quais possuem um importante desenvolvimento do simbolismo ritual segundo definições do próprio autor. De maneira prudente, o autor diz que não se pode atalhar o caminho pelos mitos e cosmologias para evidenciar a estrutura. Deve-se proceder de maneira gradual pelo caminho simbólico para tentar compreender o modo de pensar indígena.

O autor identifica, em partes dos rituais *Ndembu*, a disposição e classificação de objetos de maneira similar ao que fez Lévi-Strauss nas *Mitológicas* (tetralogia), a partir de classificações binárias e opostas. O autor explica e interpreta um dos rituais que é relacionado à fertilidade da mulher. Bem assim, o autor aborda o paradoxo dos gêmeos que causam instabilidade na estrutura social ao não se poder atribuir aos dois o papel que seria destinado ao filho, seja na ordem de nascimento entre os irmãos, seja com relação à comunidade em geral. Para Turner os gêmeos cumprem uma função mediadora entre divindade e humanidade, são mais que humanos e menos que humanos à vez. Cabe recordar que a expressão "humano" envolve a definição presente no nome da maioria dos povos que se autoclassificam como os verdadeiros e únicos "homens".

Turner também destaca que o anormal pode ser sacralizado citando o exemplo das pessoas com retardos mentais em certos pontos da Europa Oriental, onde consideravam-nos como sagrados e a comunidade era obrigada a alimentá-los e protegê-los. O mesmo ocorre com o caso dos gêmeos, algo que em princípio é benéfico e até necessário, o filho, torna-se um pesado fardo para a família e para a lactância materna em especial. Desta feita, toda a comunidade vê-se obrigada a contribuir com o sustento dos gêmeos. O autor ressalta que, para sociedades organizadas com base no parentesco, o nascimento de gêmeos pode abalar a estrutura social e duas soluções são possíveis: ignorar o fato e seguir atuando como se não existisse ou aceitá-lo e tentar com que adquira coerência com o restante do arcabouço cultural. Nesse sentido, os gêmeos podem tornar-se exemplos da pluralidade, da oposição ao único ou bem da divisão da unidade. No caso *Ndembu*, a opção adotada foi ressaltar os aspectos de oposição e complementariedade.

O autor contribui para aproximar a sociedade *Ndembu* da realidade das sociedades ocidentais modernas e pós-modernas ao apresentar a convivência de ideais antitéticos naquela sociedade, similar ao que podemos verificar com relação às oposições *norte x sul* e *socialismo x capitalismo* (esta última especialmente relevante na época em que escrito o livro). O ritual dos gêmeos, segundo o autor, serve para colocar em evidência as contradições reconhecidas pelos *Ndembu* como a separação entre homens/mulheres, sentimentos privados/públicos e esterilidade/fecundidade. Para Turner, uma das funções do ritual é utilizar as forças da desordem em prol da estrutura social ativando uma série ordenada de símbolos que atuam como mediadores e comunicadores entre biologia e estrutura.

Naquele que reputamos como o principal capítulo de sua obra, o que trata sobre a *liminariedade* e *communitas,* Turner discorre sobre elementos dos rituais de passagem, principalmente, e apoia-se na obra de Arnold Van Gennep[182]. Os rituais de passagem são aqueles que marcam mudanças de lugar, posição social e idade, por exemplo. Todos os rituais, segundo Van Gennep e Turner, possuem necessariamente três fases: *"separación, margen o limen (que*

---

[182] GENNEP, Arnold Van. **Los ritos de paso: estudio sistematico de las ceremonias de la puerta y del umbral.** Madrid: Taurus, 1986.

en latín quiere decir 'umbral') y agregación.'[183] Na primeira fase o indivíduo é separado do grupo, na segunda, apresenta características ambíguas, que não são compatíveis nem com o estado anterior e nem posterior, por fim, na terceira fase o indivíduo empregado é reincluído no grupo já com o novo *status*.

Os atributos da liminariedade são ambíguos. As pessoas nesta condição fogem ao sistema de classificações e características esperadas vigente na sociedade. A conduta das pessoas em situação liminar é normalmente passiva e submissa. Estes fenômenos interessaram a Turner também pelas oposições que apresentam entre o simples e o sagrado e a homogeneidade e o companheirismo. Para o autor, os momentos liminares têm o condão de fazer ressaltar os vínculos sociais existentes entre os presentes que reconhecem a necessidade e sacralidade das posições sociais que estruturam a comunidade e, por isso, o autor utiliza o termo *communitas* para diferenciar essa comunhão evidenciada pelos momentos liminares, daquela comunidade utilizada para designar algum aspecto de vida em comum. Para Turner a vida social é dialética e compreende tensões entre diversos aspectos como, por exemplo, homogeneidade/diferenciação ou alto/baixo (referindo-se às posições sociais).

Turner faz ainda afirmações interessantes sobre a questão da *liminariedade* na sociedade pós-moderna. Para o autor, a partir, principalmente, da complexidade social fomentada pela divisão social do trabalho, aquilo que nas sociedades tradicionais eram estados de *liminariedade* que permeavam outros estados/posições perfeitamente definidos tendem a tornar-se agora sempre liminares. Na sociedade atual, a *liminariedade* ou, em outras palavras, a pertença a diversos *status*, transitando entre eles,

---

[183] TURNER, 1988. p. 101

tornou-se a regra. Vários personagens de romances e mitos são marginais ao grupo e, portanto, podem apresentar atitudes morais distintas daquela apresentada pelo grupo maior e restrito.

Destaque-se, por outro lado, o perigo dos estados de *liminariedade*. Tudo aquilo que não pode ser classificado tende a ser apontado como perigoso ou contagioso. Portanto, manifestações prolongadas de *communitas* podem ser perigosas e anárquicas. A *communitas* é a manifestação do presente, em contraposição à estrutura que se projeta e é projetada pelo futuro e pelo passado através da tradição, da lei, do costume e da linguagem. Essa oposição entre *communitas* e estrutura expressa a relação entre a sociedade considerada como uma totalidade homogênea e como uma série de partes justapostas e hierarquizadas.

O autor parte também de uma das definições de Spencer[184] sobre estrutura social definida como a ordenação mais ou menos diferenciada de instituições especializadas e mutuamente dependentes que interatuam entre si e tentam adaptar-se ao seu entorno físico. Turner diz que quase todas as definições da estrutura social implicam uma série de posições ordenadas e instituições que se prolongam no tempo. As partes acabam por envolver-se também em conflitos entre elas por maior *status* e proeminência.

Turner ressalta que a *communitas* possui uma natureza espontânea, concreta e imediata, no que se opõe à natureza abstrata e institucionalizada da estrutura social. Sem embargo, a *communitas* só consegue manifestar-se a partir da utilização de elementos da estrutura social justapondo-se ou hibridando-se com esses elementos. Para explicar a *communitas,* o autor utiliza a metáfora de uma roda de carreta onde os raios e a circunferência

---

[184] SPENCER, Herbert. **The Principles of Sociology**. Berlim: Heptagon, 2013

exterior de nada valeriam se não fosse o buraco do centro que permite encaixar a roda na carreta. A *communitas* seria esse vazio central da estrutura social como pode-se advogar pela similitude do sindicato como esse vazio na estrutura da organização e da divisão do trabalho.

Para Turner a *communitas* pode surgir nos interstícios da estrutura social, pelas suas margens ou mesmo por debaixo desta quando se trate, respectivamente, da *liminariedade*, marginalidade ou inferioridade. Essas condições estruturais seriam aquelas mais propícias ao surgimento dos mitos, dos rituais e dos símbolos. Nos ritos de passagem os homens são momentaneamente liberados da estrutura social para viverem a *communitas* e, após, retornam a uma estrutura renovada pela experiência da *communitas*. O exagero na manifestação da *communitas* poderá causar, inclusive, manifestações contra ou à margem da lei.

Para Turner, autores como Morgan, Marx e Rousseau estiveram equivocados ao confundir manifestações da *communitas* como exclusivas das sociedades primitivas. A *communitas*, segundo Turner, é uma manifestação presente em todas as sociedades e não é monopólio daquelas mais arcaicas.

O autor também critica o modelo da antropologia tradicional britânica, chamada por ele de "ortodoxa", que classifica a sociedade como um ordenamento de posições sociais podendo apresentar estrutura segmentada, hierárquica ou ambas. Para Turner as unidades da estrutura social estão compostas das relações entre *status*, papéis e funções.

Contudo, o caráter espontâneo e livre da *communitas* raramente poderá sustentar-se por muito tempo. A própria *communitas* acaba por desenvolver normas para reger o comportamento dos indivíduos. Assim, nasce uma diferenciação entre três tipos básicos de *communitas* definidas por Turner: a *communitas* existencial é aquela em que à época da redação dos textos os hippies chamariam de *happening* e que hoje poderia ser comparada às manifestações sociais inexplicáveis ou a *flashmobs* nascidos sem interesse comercial; a *communitas* normativa é aquela onde, pela passagem do tempo, surge a necessidade de organizar os recursos e regular a ação dos indivíduos; e, por fim, a *communitas* ideológica que se pode chamar aquelas comunidades utópicas nascidas da *communitas* existencial. As duas últimas já são permeadas pela estrutura social e perdem muito de sua espontaneiadade e liberdade, experimentando uma queda quando aproximadas da estrutura.

Segundo Turner, toda utopia necessita, em algum momento, organizar as pessoas para produzir as condições necessárias para a sobrevivência e então passa a exigir a existência de relações estruturadas entre os homens. Assim, para o autor, todo o sistema de produção e distribuição de recursos encerra em si a segmentação e diferenciação social. Dessa maneira, ao adotarmos perfeita igualdade em algum aspecto da vida social significa provocar uma perfeita desigualdade em outro aspecto desta mesma vida social.

A *communitas* e o êxtase por ela provocado são formas, principalmente nas sociedades tradicionais, de possibilitar uma participação mais plena na enorme gama de papéis sociais existentes. A estrutura social, por outro lado, relaciona-se principalmente com a história, pois possibilita a perpetuação do grupo social e de suas formas de vida.

O autor passa a analisar os rituais de elevação e inversão de *status*, ressaltando as três fases descritas por Van Gennep[185], seja,

---

[185] VAN GENNEP, 1986.

separação, margem e reagregação e que também podem ser chamadas de pré-liminar, liminar e pós-liminar. O autor define a estrutura social como: *"una disposición más o menos característica de instituciones especializadas mutuamente dependientes y la organización social de posiciones y/o de los actores que las mismas implican."*[186]

A *liminariedade*, nas sociedades industriais e pós-industriais, devido ao estágio da divisão do trabalho, converteu-se em um estado religioso ou quase religioso tendendo a adquirir características estruturais. O autor diferencia dois tipos de *liminariedade*, os rituais de *elevação* de *status* e os rituais de *inversão* de *status*. Os rituais de elevação de *status* são aqueles onde um noviço é transferido irreversivelmente de um *status* inferior a um *status* superior. A seu turno, os rituais de inversão de *status* são normalmente cíclicos ou sazonais onde aqueles que normalmente ocupam *status* inferiores podem exercer autoridade ou proeminência sobre aqueles normalmente de *status* superior. O ritual de inversão de *status* reúne aspectos de uma conduta ilícita, extravagante e permitida temporariamente.

Para Turner, todas as sociedades humanas são remetidas a dois modelos sociais em franca oposição. Um deles é a sociedade estruturada em posições jurídicas, econômicas e políticas e o outro é a *communitas* que reúne indivíduos com idiossincrasias e que compartilham a mesma condição humana. O primeiro modelo é fragmentado e segmentado enquanto o segundo é homogêneo e global.

A inversão ritual de *status* tem o condão de produzir a liberação momentânea do indivíduo de seu *status* habitual conduzindo os indivíduos a uma experiência extática no sentido de "estar fora" de sua posição habitual e das obrigações a ela inerentes. Para

---

[186] TURNER, 1988. p. 170

Turner a necessidade dos rituais de inversão de *status* estão intimamente ligadas a uma permanente inferioridade estrutural de alguns membros do grupo social.

Sobre a sociedade atual diz Turner[187]:

> *Indudablemente, en las sociedades complejas a gran escala, con un alto grado de especialización y división del trabajo y con muchos lazos asociacionales de interés único y un debilitamiento general de los estrechos vínculos corporativos, la situación será muy distinta.*

A flexibilidade e mobilidade da sociedade industrial e pós-industrial podem, para Turner, favorecer o surgimento da *communitas* existencial através de encontros efêmeros. Para o autor, nossa existência social é um processo dialético entre estrutura e *communitas*, já que há a necessidade humana de participar de ambas.

---

[187] TURNER, 1988. p. 205

15 A ANTROPOLOGIA CONTEMPORÂNEA

Em 1950, Evans-Pritchard[188] já vaticinava sobre a antropologia do futuro como uma antropologia aplicada, utilizada para resolver problemas sociais e orientar a planificação social dentro de suas mais variadas formas. Ressalte-se, o autor acreditava que a antropologia, bem como as demais ciências interconectadas, necessitariam estar em um estágio muito mais avançado para que sua aplicação efetivamente resultasse útil. Para o autor, aquele momento histórico ainda não era propício para a utilização aplicada da antropologia cultural.

Nas últimas três décadas, tanto no Brasil como em outros lugares do mundo, a antropologia tem seguido a tendência de aplicar-se à diversas realidades e discussões sociais de maneira

---

[188] EVANS-PRITCHARD, E.E. Social Anthropology: Past and Present. The Marett Lecture. *in*: **Man**, v. 50, 1950. pp. 118-124

mais pontual e sem as pretensões universalizantes de outrora. É importante eliminar uma ideia pré-concebida por muitos de que a antropologia só se aplica e só tem a ver com as sociedades tradicionais. Embora as sociedades tradicionais já tenham ensinado muito e sigam podendo oferecer-nos uma distinta visão sobre problemas atuais, elas não são mais o único objeto da antropologia.

À antropologia também cabe o papel da crítica social. Embora existam muitas discussões teóricas e metodológicas, as questões práticas ganham cada vez mais espaço. Os problemas sociais, bem como o enfrentamento de grupos sociais ou mesmo de problemas globais como as crises migratórias e seus consequentes embates entre direitos humanos, nacionalidades e interesses nacionais estão entre pautas de estudo já consolidadas nas pesquisas antropológicas.

Com os processos de globalização e imperialismo[189] iniciados com a chegada dos europeus à América, pode-se dizer que o mundo foi sendo cada vez mais achatado[190] e uniformizado. As pautas culturais, entre elas as alimentares, de lazer, de parentesco, de formação dos jovens através de um sistema educativo foram cada vez mais aproximando-se, principalmente nas nações ocidentais, leia-se, europeias e americanas fundamentalmente.

No entanto, a concepção de aplicar a antropologia para entender e transformar realidades sociais também tem um paradoxo ético. Por um lado o relativismo cultural ensina-nos a aceitar as diversas pautas culturais e, por outro, através da antropologia aplicada, estaríamos desejando interferir na realidade social. A antropologia contemporânea passa a permitir-se ser uma

---

[189] SAID, E. **Cultura e Imperialismo**. São Paulo: Companhia das Letras, 2011.
[190] FRIEDMAN, T. L. **O mundo é Plano: o mundo globalizado do século XXI**. Rio de Janeiro: Objetiva, 2009.

construção social da realidade. Há um reconhecimento, ainda que tácito, de que a antropologia aplicada reconhece como válida a vontade humana em dar distintas direções para os grupos humanos.

Para Roger Bastide[191] a antropologia aplicada nasce somente depois das explorações a partir de relatos etnográficos. Um marco desta transição é o trabalho de Malinowski que deixa de analisar somente costumes estranhos e exóticos relatados por outros viajantes. A ação prática do etnólogo e seu maior conhecimento dos fatos favorecem a abertura de novos caminhos para a antropologia e para as empresas colonizadoras.

Além disso, para o autor, principalmente após a segunda guerra mundial, a antropologia aplicada conseguiu realizar a transição entre ser uma ciência eminentemente dedicada às sociedades colonizadas para ser a ciência das sociedades complexas. Como a antropologia geralmente não se dedica a macro-grupos, tarefa que cabe à sociologia, falar em antropologia aplicada às sociedades complexas equivale a pressupor a estratificação social dessas sociedades. Ou seja, presumimos a existência de capas, de grupos maioritários e minoritários, de subculturas e de que as relações entre estas capas e grupos é o fundamento das sociedades complexas[192].

Já para George Foster[193], a antropologia aplicada obteve seu reconhecimento em tempos de guerra ou em tempos de graves crises sociais onde justificava plenamente o trabalho de antropólogos buscando resolver os problemas socioculturais imediatos e urgentes. Por outro lado, fora destes períodos, ao menos nos Estados Unidos, a antropologia aplicada é vista como

---

[191] BASTIDE, R. **Antropología Aplicada**. Buenos Aires: Amorrortu, 1972.
[192] BASTIDE, R. **Antropología Aplicada**. Buenos Aires: Amorrortu, 1972.
[193] FOSTER, G. M. **Antropología Aplicada**. México, D.F.: Fondo de Cultura Económica, 1974.

de menor valor, e sua prática, como "menor" em relação às pesquisas do campo teórico. Parece evidente que o método antropológico e todas as suas ferramentas de coleta de informação podem ajudar, e muito, em pesquisas de outras áreas do conhecimento.

Antropologia e outras Ciências

Como um dos exemplos desta integração entre antropologia e outras áreas do saber estão as muitas recentes pesquisas sobre antropologia e educação. O autor da apresentação deste livro, Daniel Valério Martins[194], é um exemplo dos pesquisadores que constantemente estão buscando nas pautas culturais, chaves para melhora dos processos de ensino e aprendizagem.

Neste exemplo, o autor advoga pelos diversos contatos culturais trocados entre as comunidades indígenas da região metropolitana de Fortaleza (CE-BRASIL) e o conjunto da sociedade "não-indígena[195]". Valério Martins estudou as universidades indígenas e a participação e resultados do método de ensino desenvolvido para um público específico.

Em um assunto como o do exemplo acima, parece-nos óbvio que a antropologia pode auxiliar de maneira crucial o desenvolvimento de políticas educativas adequadas ao caso. É da

---

[194] VALÉRIO MARTINS, D. **A intraculturalidade nas comunidades indígenas da Região Metropolitana de Fortaleza-CE, Brasil: caminho para o desenvolvimento e sobreculturalidade.** Salamanca: Ediciones Universidad de Salamanca, 2016.

[195] A expressão não é totalmente correta e serve somente para diferenciar entre as comunidades indígenas e o restante da sociedade de Fortaleza. A expressão é utilizada neste livro e não corresponde necessariamente às ideias do autor citado.

natureza do método antropológico a aproximação entre o pesquisador e as comunidades objeto de estudo, permitindo assim averiguar as percepções, resultados e impressões que a pura estatística jamais permitiria.

Em outras áreas do saber ocorre o mesmo. A antropologia também tem sido extremamente pródiga no estudo de religiões, cosmologias e mitologias de diversos povos. O antropólogo, em sua tarefa de intérprete de símbolos sempre atuou tentando desvendar os mistérios das religiões e como a carga simbólica presente em cada sistema religioso influencia e é influenciada pela cultura de cada grupo.

O mesmo ocorre com relação aos estudos antropológicos relacionados com muitas outras áreas e que acabam fornecendo fundamentos para a adoção de muitas políticas públicas e providências em relação aos grupos estudados. Hodiernamente existem muitos campos de investigação antropológicos que combinam os conhecimentos e método da antropologia com outras áreas como por exemplo: Antropologia e Alimentação, Antropologia Urbana, Antropologia do Corpo, Antropologia Industrial, Antropologia e Festividades Populares, Antropologia Indígena, Antropologia Linguística, Antropologia e História, enfim, uma infinidade de relações que contribuem para o desenvolvimento da ciência e para uma melhor compreensão da nossa sociedade e cultura.

A seguir, detalharemos um pouco melhor a relação entre antropologia e direito em razão de nossa formação e estudos na área. Buscamos, com isso, eliminar algumas visões pré-concebidas ou mesmo herméticas de aplicação das ciências.

Antropologia e Direito

Ao menos no Brasil, a antropologia tem sido uma ferramenta incrivelmente útil à hora de definir e discutir os direitos das minorias sociais e o seu grau de participação na sociedade atual. A construção de qualquer sociedade multiétnica e multicultural invariavelmente depende da discussão e da aceitação de práticas culturais distintas que entram em contato e que devem conviver.

A maioria dos países democráticos recebe tal denominação justamente por respeitar (ao menos no plano teórico) um núcleo mínimo de direitos consagrado na declaração universal dos direitos do homem e repetido na maioria das seções de direitos básicos e fundamentais. Esses direitos fundamentais muitas vezes contrastam entre si mesmos ou chocam com pautas culturais de minorias.

Existem diversos e variados exemplos destas contradições na prática cotidiana do direito. Um deles, bastante atual, é sobre a guerra às drogas e as políticas de proibição do uso de drogas pelo cidadão. As ciências sociais, normalmente dedicavam-se ao estudo das consequências do consumo de drogas e da proibição, o narcotráfico e a violência. No entanto, principalmente nas duas últimas décadas, a antropologia tem buscado explicar as causas do consumo de algumas drogas, seu aspecto social e novas possibilidades de enfrentar o problema.

Com relação aos direitos humanos e o relativismo cultural, por incrível que pareça, a American Anthropological Association (AAA – Associação Americana de Antropólogos) se opôs publicamente à Declaração Universal dos Direitos do Homem da ONU. Para os antropólogos, a ideia de uma série de direitos universais era contrária ao conceito de relativismo cultural. A declaração buscava uniformizar uma série de direitos em lugares totalmente díspares, além de privilegiar o individual frente ao coletivo. À época, por exemplo, os Sauditas também argumentaram que a liberdade religiosa e de matrimônio seriam valores ocidentais, inaplicáveis à sua cultura milenar. Tais discussões sobre os direitos das mulheres fazem parte até hoje desta dualidade presente no conceito de um núcleo universal de direitos individuais. As mulheres devem possuir direitos individualmente ou deve-se perseguir uma atuação mais coletiva que torne possível uma igualdade de fato com relação aos homens? O debate é atual e de certa maneira sempre enfrentará as ideias de relativismo cultural e etnocentrismo[196]. Essa tensão entre os conceitos tem dominado os debates antropológicos e ora pende para um lado, ora para outro, a antropologia é justamente a responsável por indicar, caso a caso e de maneira fundamentada, para onde deve inclinar-se o pêndulo.

O embate entre direito natural e positivo é daqueles paradoxos tão próprios da sociedade humana e similar ao clássico embate entre relativismo cultural e etnocentrismo. A aceitação de costumes alheios é sempre difícil quando tais costumes envolvem práticas que, para nós, incluem princípios irrenunciáveis como o direito à vida, à existência digna e à não discriminação. Falar em direito à vida poderia ser um enunciado de direito natural a pressupor que todo humano tem direito a desfrutar de sua vida e não ser dela privado por outro humano. No entanto, tal direito é constantemente relativizado, a depender da situação autorizadora (guerras e penas de morte por exemplo) e geralmente com base no direito positivo.

---

[196] BROWN, M. F. Cultural Relativism 2.0. With CA comment. *in*: **Current Anthropology**, *49*, 3, 363, 2008.

Assim, o que buscamos é um direito que insira a legislação e sua aplicação num contexto dos comportamentos sociais dos cidadãos e não um direito que encontre sua validade apenas no plano formal das normas em vigor. A norma deve possuir uma justificação emanada desde a realidade histórica, cultural, ética e social onde vige. O trabalho de interpretação do direito deve ter em consideração o conhecimento das normas para alcançar seu significado, mas também uma base antropológica que empreste razão às normas. O significado da norma deve aflorar depois de estar oculto e esse tipo de interpretação supera uma pretensão de absoluta cientificidade da dogmática jurídica.[197] 302

O direito, principalmente no Brasil, mas também em outros lugares, como por exemplo na crise catalã na Espanha, tem sido posto a prova com relação a sua capacidade de resolver os conflitos de forma satisfatória. Lembremo-nos que já não basta que o Estado ou o direito resolvam os problemas com base em argumentos de autoridade do tipo: "é assim porque eu digo que é!". Aliás, costumamos dizer que se a legitimidade do direito e dos tribunais está na autoridade de quem profere as decisões, não seria necessário ter profissionais extremamente preparados nas carreiras jurídicas, bastaria conceder o martelo e a força estatal a qualquer um que estivesse disposto. O direito precisa convencer e valer-se das normas constitucionais e infraconstitucionais para resolver os conflitos. Para isso necessita andar pelo mesmo caminho cultural dos locais onde deve solucionar os conflitos. Se o direito quiser ser uma "cultura" e uma linguagem separadas do restante da sociedade, causará uma eterna insatisfação.

---

[197] OSUNA FERNÁNDEZ-LARGO, Antonio. **La hermenéutica jurídica de Hans Georg Gadamer.** Valladolid: Publicaciones Universidad de Valladolid, 1992.

René David[198] aponta duas tendências legislativas no seio da família romanogermânica. Uma delas tende a expressar as normas da forma mais inteligível possível para a população e a outra procura utilizar uma linguagem técnica o mais precisa possível. A distinção entre as tendências é a mesma daquela já comum em antropologia entre a linguagem e pontos de vista *emic* e *etic* já explicados neste livro.

Na atual situação em que se encontram os Estados Democráticos de Direito parece ser uma insanidade a elaboração de leis com linguagem técnica e jurídica. Aliás, tal situação passa a ser causadora de enorme insegurança jurídica e provavelmente de interpretações que subverterão os motivos pelos quais foi criada a lei. A lei, ao menos em Estados Democráticos, é elaborada e aprovada por representantes eleitos pelo povo e é destinada ao conjunto da população. Embora normalmente seja objeto de discussão pelos juristas, a lei é destinada ao total da população e a esta deve ser acessível. Os cidadãos necessitam entender a lei e saber como proceder.

A incompetência, a lentidão e a influência de interesses não legítimos no processo legislativo têm cada vez mais diminuído a qualidade das normas emanadas pelos parlamentos nacionais. A tendência a partir de então é que se abra a possibilidade e necessidade de interpretações que muitas vezes contrariem as leis para que se possa atender efetivamente os interesses da população e não de determinados grupos normalmente dominados por grandes investidores, bancos e grandes empresas de construção.

A jurisprudência passa então a exercitar atividade criadora de leis, principalmente através das cortes supremas, ainda que haja sempre a natural propensão a mascarar a atividade criadora sob o

---

[198] DAVID, René. **Los grandes sistemas jurídicos contemporáneos.** Madrid: Aguilar, 1968.

pano de fundo de revelação da verdadeira vontade do legislador ou do espírito da lei. Não é à toa que a interpretação das leis tem recebido cada vez mais atenção, mais teorias e clama pela imposição de limites, sob pena do direito perder-se no emaranhado interpretativo e ficar sujeito, sempre, ao casuísmo e subjetivismo. Não é por nada que uma das últimas escolas consolidadas de antropologia é a hermenêutica/simbólica, também no sentido de fornecer interpretações válidas sobre costumes e tradições buscando modos para que o leitor entenda e possa respaldar ou criticar a interpretação feita pelo autor.

Como se nota, o direito e a antropologia estão intimamente relacionados e faz parte da tendência contemporânea da antropologia essa aproximação entre ela e outros ramos de conhecimento. A resolução dos complexos problemas da pós-modernidade demanda, certamente, essa colaboração entre as ciências.

LINHA DO TEMPO INTERATIVA

Utilize seu celular ou tablet para ler o QR Code abaixo e acessar uma linha do tempo da antropologia contendo datas, autores e obras para auxiliar o leitor a situar-se cronologicamente com relação às escolas antropológicas.

REFERÊNCIAS

AUZIAS, J.M. A antropologia contemporânea. São Paulo: Cultrix, 1978.

AGUIRRE BAZTÁN, Silvio Ángel e OLIVEIRA MARTINS, José Clérton. A pesquisa qualitativa de enfoque etnográfico. Coimbra: Grácio, 2014.

AGUIRRE BAZTÁN, Silvio Ángel. La Cultura de las Organizaciones. Barcelona: Ariel, 2004.

ALONSO OLEA, Manuel. Variaciones sobre Hegel. Madrid: Civitas, 1987.

ASSIS, Olney Queiroz e KUMPEL, Vitor Frederico. Manual de Antropologia Jurídica. São Paulo: Saraiva, 2011.

BARFIELD, Thomas. (Ed.) Diccionário de Antropología. Barcelona: Bellaterra: 2000.

BENEDICT, Ruth. El hombre y la cultura. Barcelona: Edhasa, 1989.

BERNSTEIN, Basil. Clases, códigos y control. Estudios teóricos para una sociología del lenguaje. Torrejon de Ardóz: Akal, 1989.

BROWN, M. F. Cultural Relativism 2.0. With CA comment. *in*: Current Anthropology, *49*, 3, 363, 2008.

BOAS, Franz. Cuestiones Fundamentales de Antropología Cultural. Madrid: Solar, 1964.

BOAS, Franz. The Limitations of the Comparative Method of Anthropology. *in*: Science, New Series, Vol. 4, No. 103 (Dec. 18, 1896), pp. 901-908

BOAS, Franz. The methods of ethnology. *in*: American Anthropologist, New Series, Vol. 22, N° 4, (Oct-Dic, 1920) pp. 311-321.

BOBBIO, Norberto. Giusnaturalismo e positivismo giuridico. Lecce: Laterza, 2011.

BOYD, R. & RICHERSON, P.J. Culture and evolutionary Process. Chicago: University of Chicago Press, 1985.

BUENO, Eduardo. A viagem do descobrimento. Rio de Janeiro: Objetiva, 1998.

BUENO, Eduardo. Brasil: uma história. São Paulo: Ática, 2003.

CALVO BUEZAS, Tomás y BARBOLLA CAMARERO, Domingo. Antropología: Teorías de la Cultura, métodos y técnicas. Badajoz: Abecedario, 2006.

CARVALHO, José Murilo de. Nación Imaginada: memoria, mitos y héroes. *in*: GONZÁLEZ, E., MORENO, A. e SEVILLA, R. Reflexiones en torno a 500 años de historia de Brasil. Madrid: Catriel, 2000.

CASTELLS, Manuel. La era de la información, vol. 1: La sociedad red. Madrid: Alianza, 2001.

CASTILLA URBANO, Francisco. Los derechos humanos y el pensamiento de Francisco de Vitoria. *in*: Revista de Filosofía, Maracaibo, n° 33, vol. 3, 2000.

COMTE, Auguste. Curso de Filosofía Positiva. Madrid: Aguilar, 1973.

CHILDE, Vere Gordon. La evolución social. Madrid: Alianza, 1984.

DAMATTA, Roberto. O que faz do brasil, Brasil? Rio de Janeiro: Rocco, 2000.

DAMATTA, Roberto. Relativizando [recurso eletrônico]: uma introdução à Antropologia Social. Rio de Janeiro: Rocco Digital, 2011.

DAVID, René. Los grandes sistemas jurídicos contemporáneos. Madrid: Aguilar, 1968.

DOUGLAS, Mary. Natural Symbols. Explorations in Cosmology. Londres:Routledge, 2004.

DURHAM, W.H. Co-evolution: Genes, Culture and Human Diversity. Stanford University Press. (1991).

DURKHEIM, Émile. La divisón del trabajo social. Madrid: Akal, 1982.

DURKHEIM, Emile. Lecciones de Sociología: Física de las costumbres y del derecho. Buenos Aires: Schapire, 1966.

ENGELS, Friedrich. Introducción a la dialectica de la naturaleza. El papel del trabajo en la transformación del mono em hombre. Introducción de Daniel Lacalle. Madrid: Ayuso, 1974.

ESPINA BARRIO, Ángel Baldomero. Freud y Lévi-Strauss: Influencias, aportaciones y deficiencias de las antropologías dinâmica y estructural. Salamanca: Universidad Pontificia de Salamanca, 1997.

ESPINA BARRIO, Ángel Baldomero. Lévi-Strauss: ¿El último moderno y el primer postmoderno? *in*: ESPINA BARRIO, Ángel Baldomero; DE LA FUENTE, Iñigo González. Antropología de Iberoamérica: Estudios Socioculturales en Brasil, España, México y Portugal. Recife: Massangana, 2010. pp. 23-40

ESPINA BARRIO, Ángel Baldomero. Manual de Antropologia Cultural. Tradução de Mário Hélio Gomes de Lima. Recife: Massangana, 2005.

ESTEVA FABREGAT, Claudio. Antropología Industrial. Barcelona: Anthropos, 1984.

EVANS-PRITCHARD, Edward Evan. La mujer en las sociedades primitivas. Barcelona: Península, 1971.

EVANS-PRITCHARD, Edward Evan. Los Nuer. Barcelona: Anagrama, 1977.

FERNÁNDEZ ÁLVAREZ, Óscar. Bronislaw Malinowski: La antropología y el Funcionalismo. León: Universidad, Secretariado de Publicaciones y Medios Audiovisuales, 2004.

FIRTH, Raymond. Elementos de Antropología Social. Buenos Aires: Amorrortu, 1971.

FRAZER, James George. La rama dorada: Magia y Religión. México, D.F.: Fondo de Cultura Económica, 1956.

FREYRE, Gilberto. Casa Grande & Senzala: formação da família brasileira sob o regime da economia patriarcal. São Paulo: Global 2003.

FRIEDMAN, Thomas L. O mundo é Plano: o mundo globalizado do século XXI. Rio de Janeiro: Objetiva, 2009.

FUSTEL DE COULANGES, Numa Denis. La ciudad antigua. Madrid: Peninsula, 1984.

GADAMER, Hans Georg. Verdad y método. Vol. I, Fundamentos de una hermenéutica filosófica. Salamanca: Sígueme, 1996.

GEERTZ, Clifford. A interpretação das Culturas. Rio de Janeiro: LTC, 2012.

GEERTZ, Clifford. Nova luz sobre a Antropologia. Rio de Janeiro: Zahar, 2001.

GLUCKMAN, Max. Política, derecho y ritual en la sociedad tribal. Madrid: Akal, 1978.

GODELIER, Maurice. Economía, Fetichismo y Religión en las Sociedades Primitivas. Madrid: Siglo XXI, 1978.

GONZÁLEZ DÍEZ, Emiliano. De la naturalización y extranjería en Indias. *in*: ESPINA BARRIO, Ángel Baldomero (Ed.) Antropología en Castilla y León e Iberoamérica, V: Emigración e integración cultural. Salamanca: Ediciones Universidad de Salamanca, 2003. pp. 53-63

GONZÁLEZ DÍEZ, Emiliano. Reflexiones en torno a la integración de Indias de Juan Ginés de Sepúlveda. *in*: ESPINA BARRIO, Ángel Baldomero (Ed.) Antropología en Castilla y León e Iberoamérica, IV: Cronistas de Indias. Salamanca: Ediciones Universidad de Salamanca, 2002. pp. 31-37

GUASP, Jaime. La pretensión procesal, II. Madrid: Civitas, 1981.

HABERMAS, Jurgen. Direito e Democracia: entre facticidade e validade. Rio de Janeiro: Tempo Brasileiro, 2003.

HABERMAS, Jurgen. Teoría de la acción comunicativa, tomo I: Racionalidad de la acción y racionalización social. Madrid: Taurus, 1999.

HAMMERSLEY, Martyn e ATKINSON, Paul. Etnografía, métodos de investigación. Barcelona: Paidós, 1994.

HARRIS, Marvin. El desarrollo de la teoría antropológica. Historia de las teorias de la cultura. Madrid: Siglo XXI, 2003.

HARRIS, Marvin. Materialismo Cultural. Madrid: Alianza, 1985.

HARVEY, David. Para entender o capital: livro I. São Paulo: Boitempo, 2013.

HEGEL, Georg Wilhelm Friedrich. Fenomenología del Espíritu. Valencia: Pretextos, 2006.

HEGEL, Georg Wilhelm Friedrich. Lecciones sobre la filosofía de la historia universal. Madrid: Alianza, 1982.

HEGEL, Georg Wilhelm Friedrich. Principios de la Filosofía del Derecho. Buenos Aires: Sudamericana, 1975.

HOBSBAWN, Eric. En torno a los orígenes de la revolución industrial. Madrid, Siglo XXI, 1988.

HORKHEIMER, Max. Crítica de la razón instrumental. Trad. H. A. Murena y D. J. Vogelmann. Buenos Aires: Sur, 1973.

IZQUIETA ETULAIN, Jose Luis. Materialismo, culturas y modos de producción. Alcance y límites de la nueva antropología marxista. Salamanca: Editorial San Esteban, 1990.

JHERING, Rudolf Von. El espíritu del derecho romano en las diversas fases de su desarrollo. Granada: Comares, 1998.

JHERING, Rudof Von. El fin en el derecho. Buenos Aires: Heliasta, 1978.

KARDINER, Abram. El individuo y su sociedad: la psicodinámica de la organización social primitiva. México: Fondo de Cultura Economica, 1945.

KELSEN, Hans. Teoría general del derecho y del Estado. México: Universidad Nacional Autónoma de México, 1958

KELSEN, Hans. Teoría Pura del Derecho. México: Porrúa, 2005.

KORSBAEK, Leif. Raymond Firth: La Organización social y el cambio social. Iberóforum. Revista de Ciencias Sociales de la Universidad Iberoamericana [en línea] 2010, V (Enero-Junio) : [Fecha de consulta: 6 de junio de 2016] Disponible en: <http://www.redalyc.org/articulo.oa?id=211014857008> pp.149-183

KOTTAK, Conrad Philip. Antropología Cultural. México, D.F.: McGraw-Hill, 2011.

KOTTAK, Conrad Phillip. Antropología. Una exploración de la diversidad humana con temas de cultura hispana. Madrid: Mcgraw-Hill, 1995.

KROEBER, Alfred Louis. Anthropology. New York: H.B.C., 1948.

LAKATOS, Eva Maria; MARCONI, Marina de Andrade. Fundamentos da metodologia científica. São Paulo: Atlas, 1991.

LASK, Emil. Filosofía Jurídica. Buenos Aires: Depalma, 1946.

LÉVI-STRAUSS, Claude. Antropología Estructural. Buenos Aires: Eudeba, 1968.

LÉVI-STRAUSS, Claude. Antropología Estructural: mito, sociedad y humanidades. Madrid: Siglo XXI, 2009.

LÉVI-STRAUSS, Claude. Las Estructuras Elementales de Parentesco. Barcelona: Paidós, 1988.

LÉVI-STRAUSS, Claude. Mitológicas I: El crudo y el cocido. México: Fondo de Cultura Económica, 1972-A.

LÉVI-STRAUSS, Claude. Mitológicas II: De la miel a las cenizas. México: Fondo de Cultura Económica, 1972-B.

LÉVI-STRAUSS, Claude. Tristes Trópicos. Barcelona: Paidós, 2002.

LIEBERMAN, Daniel E. La historia del cuerpo humano. Evolución, salud y enfermedad. Barcelona: Pasado&Presente, 2013.

LINTON, Ralph. Estudio del Hombre. México: Fondo de Cultura Económica, 1972.

LISÓN TOLOSANA, Carmelo. Antropología social y hermenéutica. Madrid: FCE, 1983.

MAESTRE ALFONSO, Juan. Introducción a la Antropología Social. Madrid: Akal, 1974.

MAINE, Henry Summer. El antiguo derecho y la costumbre primitiva. Madrid: España Moderna, [1900?].

MAIR, Lucy. Introducción a la Antropología Social. Madrid: Alianza, 1980.

MALINOWSKI, Bronislaw. Crimen y Costumbre en la sociedad salvaje. Barcelona: Ariel, 1971.

MALINOWSKI, Bronislaw. Los argonautas del Pacífico Occidental. Barcelona: Península, 1973.

MALINOWSKI, Bronislaw. The Family Among the Australian Aborigenes. Londres: University of London Press, 1913.

MANSILLA, Hugo Celso Felipe. Crítica a las filosofías de la historia de Hegel y Marx a partir de sus consecuencias práctico-políticas. *in*: Signos Filosóficos, vol. IX, n° 18, México D.F., juldez/2007. p. 82-103

MARX, Karl. Contribución a la crítica de la economía política. Madrid: Alberto Corazón, 1978.

MARX, Karl. El Capital. Buenos Aires: Maceda, 2014.

MARX, Karl. El capital: critica de la economia política. México: Fondo de Cultura Económica, 1984.

MARX, Karl e ENGELS, Friedrich. La ideología Alemana: crítica de la novísima filosofía alemana en las personas de sus representantes Feuerbach, B. Bauer y Stirner y del socialismo alemán en las de sus diferentes profetas. Barcelona: Grijalbo, 1972.

MARX, Karl e HOBSBAWN, Eric J. Formaciones Económicas Precapitalistas. México, D.F.: Siglo XXI, 2011.

MASON, Otis. Similarities in culture. *in*: American Anthropologist. N. 8, 1895. pp.101-117

MAUSS, Marcel. Antropología y Sociología. Madrid: Tecnos, 1971.

MEAD, Margaret. Adolescencia, sexo y cultura en Samoa. Barcelona: Planeta-Agostini, 1985.

MEAD, Margaret. Sexo y temperamento en las sociedades primitivas. Barcelona: Laia, 1973.

MORGAN, Lewis Henry. La Sociedad Primitiva. Madrid: Endymión, 1987.

NUNES DA COSTA, Marta. O que Marx nos pode ensinar sobre a nova "classe perigosa" – crítica, neoliberalismo e o futuro da emancipação humana. in: Revista Novos Estudos, nº 101, São Paulo, mar/2015, pp. 97-114.

OSUNA FERNÁNDEZ-LARGO, Antonio. La hermenéutica jurídica de Hans Georg Gadamer. Valladolid: Publicaciones Universidad de Valladolid, 1992.

PIKE, Kenneth. Language in relation to a unified theory of the structure of human behavior. Volumen I, Glendale: Summer Institute of Lingustics, 1954.

POLANYI, Karl. Primitive, archaic and modern economies: essays of Karl Polanyi. New York: Doubleday, 1968.

RADCLIFFE-BROWN, Alfred Reginald. El método de la antropología social. Traducción de Carlos Manzano. Barcelona: Anagrama, 1975.

RADCLIFFE-BROWN, Alfred Reginald. Estructura y función en la sociedad primitiva. Barcelona: Península, 1974.

RIBEIRO, Darcy. O povo brasileiro: a formação e o sentido do Brasil. São Paulo: Companhia das Letras, 1995.

RIBEIRO, Darcy. O processo civilizatório: estudos de antropologia da civilização; etapas da evolução sócio-cultural. Petrópolis: Vozes, 1979.

ROUSSEAU, Jean Jacques. Discurso sobre el origen de la desigualdad entre los hombres. Barcelona: Península, 1970.

SAHLINS, Marshall. Sociedades Tribais. Rio de Janeiro: Zahar, 1983.

SANMARTÍN BARROS, Israel. El fin de la historia en Hegel y Marx. *in*: História da Historiografia, Ouro Preto, n° 12, ago/2013.

SANTOS, Boaventura de Sousa. Sociología jurídica crítica: para un nuevo sentido común en el derecho. Madrid: Trotta, 2009.

SAUSSURE, Ferdinand de. Curso de linguística general. Tres Cantos (Madrid): Akal, 2006.

SCHAPERA, Isaac. Malinowski y la teoría de la ley. in: Hombre y Cultura: La obra de Bronislaw Malinowski. Madrid: Siglo XXI, 1974.

SIERRA, María Teresa e CHENAUT, Victoria. Los debates recientes y actuales en la antropología jurídica: las corrientes anglosajonas. *in*: KROTZ, Esteban. Antropología Jurídica: Perspectivas Socioculturales en el Estudio del Derecho. Barcelona: Anthropos, 2014. pp. 113-170

SPENCER, Herbert. El progreso, su ley y su causa. Tradução de Miguel de Unamuno. Madrid: La España Moderna, 1895.

SPENCER, Herbert. Fundamentos de la Moral. Sevilla: Administración de la Biblioteca Científico-Literaria, 1881.

SPENCER, Herbert. Orígen de las Profesiones. Barcelona: Ediciones Populares Iberia, 1932.

SPENCER, Herbert. The Principles of Sociology. Berlim: Heptagon, 2013.

STEWARD, Julian H. Theory of culture change: the methodology of cultural evolution. Champaign, IL: University of Illinois Press, 1990.

STRECK, Lênio Luiz. Hermenêutica jurídica e(m) crise: uma exploração hermenêutica da construção do direito. Porto Alegre: Livraria do Advogado, 2000.

TROTTA, Wellington. O pensamento político de Hegel à luz de sua filosofia do direito. in: Revista de Sociologia e Política, v. 17, n° 32, Curitiba, fev/2009, pp. 9-31

TURNER, Victor. El proceso ritual. Madrid: Taurus, 1988.

TYLOR, Edward Burnett. Antropología: introducción al estudio del hombre y de la civilización. Barcelona: Editorial Alta Fulla, 1987.

TYLOR, Edward Burnett. Cultura Primitiva, I. Los Orígenes de la Cultura. Madrid: Ayuso, 1977.

VALLS PLANA, Ramón. Del Yo al Nosotros. Lectura de la Fenomenología del Espíritu de Hegel. Barcelona: Estela, 1971.

VAN GENNEP, Arnold. Los ritos de paso: estudio sistematico de las ceremonias de la puerta y del umbral. Madrid: Taurus, 1986.

VASQUEZ, Eduardo. Dialectica y Derecho en Hegel. Caracas: Monte Avila, 1968.

VELASCO, Honorio e DÍAZ DE RADA, Ángel. La lógica de la investigación etnográfica. Madrid: Trotta, 1997.

WARMINSKI, Andrzej. Hegel/Marx: Consciousness and life. *in*: Yale French Studies, n° 88, New Haven, 1995.

WHITE, Leslie Alvin. La ciencia de la cultura: un estudio sobre el hombre y la civilzación. Buenos Aires: Paidós, 1964.

WISSLER, Clark. The relation of nature to man in aboriginal America. New York: Oxford University Press, 1926.

SOBRE O AUTOR

O autor é Doutor em Ciências Sociais pela *Universidad de Salamanca* (Espanha). É também Mestre em *Antropología de Iberoamérica* pela mesma universidade. Possui cursos de pós-graduação *latu sensu* no Brasil realizados na Pontifícia Universidade Católica do Rio Grande do Sul e na Universidade Castelo Branco do Rio de Janeiro. É Bacharel em Direito (Pontifícia Universidade Católica do Rio Grande do Sul) e Licenciado em Educação Física (Universidade Federal do Rio Grande do Sul). É sócio-diretor da Sociedade de Advogados Barcellos & Corrêa Advogados Associados que possui quase dez anos no mercado onde atua como advogado e parecerista. O autor vive entre a América e a Europa e a antropologia sempre foi uma de suas paixões, assim como o direito do trabalho e as relações humanas em geral.